DIPL. OEC. TROPH. SONJA CARLSSON

111 Rezepte für einen gesunden Darm

Mehr Wohlbefinden und eine bessere Verdauung

Lecker und gut verträglich

humboldt

VORWORT

Liebe Leserin, lieber Leser,

wir sehen unseren Darm oft nur als Verdauungs- und Ausscheidungsorgan, das alles, was der Körper nicht verwerten kann, aus ihm entfernt. Weit gefehlt! Unser Darm ist ein einzigartiges, ausgeklügeltes System, das weitaus mehr Aufgaben erfüllt, als nur Abfallprodukte aus dem Körper zu schaffen.

„Der Tod sitzt im Darm", das wusste der berühmte Arzt und Naturforscher Paracelsus bereits im 16. Jahrhundert. Aber schon viel früher, 300 Jahre vor unserer Zeitrechnung, prägte der griechische Arzt Hippokrates den Ausspruch „Der gesunde Darm ist die Wurzel aller Gesundheit" und brachte damit die Bedeutung des Darms für unseren Organismus auf den Punkt – ganz ohne wissenschaftliche Untersuchungen, ohne Analysen, rein aus Beobachtung und Erfahrung.

Heute wissen wir mehr: Der Darm umfasst eine Länge von etwa fünf bis sieben Metern. Seine Abschnitte haben besondere Aufgaben, so ist der Dünndarm für die Spaltung und Aufnahme der Nährstoffe zuständig, der Dickdarm sorgt für die Beschaffenheit des Stuhls und für die Darmbewegungen.

Aber nicht nur für die Verdauung, auch für das Funktionieren unseres Immunsystems spielt das Darmsystem eine wichtige Rolle. Daher hat unsere Ernährung auch einen wesentlichen Einfluss auf unseren Allgemeinzustand. Entlasten Sie Ihren Darm von Dingen, die er nicht verwerten kann, und tun Sie ihm Gutes! Ihre Gesundheit und Ihr Wohlbefinden verändern sich mit einer bewussten Ernährung zum Besseren: Durch die richtige Auswahl an Lebensmitteln und das geeignete Wissen können Sie Beschwerden deutlich lindern und Ihre Darmgesundheit positiv beeinflussen.

Übrigens: Auch wenn Sie sich vegetarisch ernähren möchten, müssen Sie sich um einen ausgeglichenen Nährstoffhaushalt keine Sorgen machen. Fleisch ist zwar wichtig für die Vitamin- und vor allem Eiweißversorgung, und auch Fisch sollte regelmäßig auf dem Speiseplan stehen, doch beides spielt für die Darmgesundheit eine eher unterordnete Rolle.

Für ein Leben ohne Darmprobleme eignet sich eine gemischte, ballaststoffreiche Ernährung, also Müsli, Vollwertkost, Getreide, Gemüse und Salat. Das alles mit viel Flüssigkeit und viel Abwechslung, einfach in der Zubereitung und für Jung und Alt geeignet – dieses Buch bietet Ihnen eine Vielzahl von gesunden und schmackhaften Ideen.

Mit meinem Ratgeber stehe ich Ihnen auf dem Weg zu einem darmgesunden Leben Schritt für Schritt zur Seite.

Viel Spaß beim Lesen und Kochen!

Ihre
Sonja Carlsson

DAS MÜSSEN SIE WISSEN

Wie der Darm und unsere Verdauung funktionieren und was Sie tun können, damit er gut arbeiten kann, erfahren Sie in diesem Kapitel. Nicht nur die richtige Ernährung, auch Bewegung und Entspannung spielen eine entscheidende Rolle bei der Darmgesundheit. Informationen über geeignete Lebensmittel und Zubereitungsformen sowie ein Überblick, welche Formen von Darm- und Verdauungsbeschwerden es gibt und wie sie behandelt werden können, runden das Kapitel ab.

Wie unser Darm funktioniert

Der Darm ist ungefähr fünf bis sieben Meter lang, ein schlauchartiges Gebilde mit mehreren Abschnitten. Eine gesunde Darmflora enthält 100 Billionen Darmbakterien. Es sind geschätzte 36.000 verschiedene Bakterienarten, die überwiegend im Dickdarm lokalisiert sind, vor allem Bifidus- und Laktobazillen. Alle zusammen wiegen etwa 1,5 Kilogramm. Außerdem befinden sich in der Darmwand rund 80 Prozent aller Immunzellen unseres Körpers.

Die Darmschleimhaut hat eine Oberfläche von etwa 32 Quadratmetern und ist damit die größte Grenzfläche des Körpers. Die hier angesiedelten „guten" Darmbakterien hemmen krank machende Keime und Darminfektionen. Der Darm besitzt auch ein kompliziertes Nervennetz mit 100 Millionen Nervenzellen, das Signale an unser Gehirn sendet, das sogenannte „Bauchhirn". Dort werden Empfindungen ausgelöst, die dem Gehirn mitteilen, ob es uns gut oder schlecht geht. Nicht ohne Grund spricht man landläufig auch von einem „guten" oder „schlechten Bauchgefühl", wenn man etwa eine Entscheidung treffen soll. Die Erforschung der Zusammenhänge zwischen Darm und Gehirn ist noch jung und hat zu einem eigenen Forschungsgebiet, der Neurogastroenterologie, geführt.

> Die Erforschung der Zusammenhänge zwischen Darm und Gehirn heißt Neurogastroenterologie.

Der Verdauungsvorgang ist abhängig von der Zusammensetzung unserer Ernährung. Ein 75 Jahre alter Mensch hat in dieser Zeit 30 Tonnen Speisen verdaut, Schadstoffe, Pilze, Parasiten und schädliche Bakterien mitgezählt. Bei dieser Menge wird vielleicht deutlich, wie wichtig ein täglicher und normaler Stuhlgang für die Reinigung des Darms und die Ausscheidung von Abfallprodukten ist. Bleibt er länger aus, liegt es meist an der Ernährung und der Flüssigkeitszufuhr: 30 Gramm Ballaststoffe und rund zwei Liter Flüssigkeit sollten wir täglich zu uns nehmen, damit der Darm seine Aufgaben erfüllen kann und gesund bleibt.

Unsere Verdauung

Die Verdauung beginnt bereits im Mund. Die Nahrung wird mechanisch von den Zähnen zerkleinert und mit Speichel vermischt, der mit verschiedenen Enzymen die Verdauung einleitet. Im Magen wird der Nahrungsbrei dann mit Magensaft vermischt, der neben Salzsäure auch Pepsin, ein weiteres Enzym, zur Eiweißspaltung enthält. Der Magen schützt sich gegen die aggressive Säure mit einer Schleimschicht vor einer Selbstverdauung.

Die Hauptverdauung des Nahrungsbreies findet im Dünndarm statt. Die Dünndarmschleimhaut setzt für die Fettverdauung das Hormon Cholecystokinin frei, das die Gallenblase zur Ausscheidung von Galle anregt. Die darin enthaltenen Gallensäuren sind notwendig für die Fettverdauung. Auch die Verdauung von Eiweiß geht im Dünndarm weiter. Dafür produziert die Bauchspeicheldrüse weitere Enzyme sowie Trypsin und Chymotrypsin, die im Darm aktiv werden.

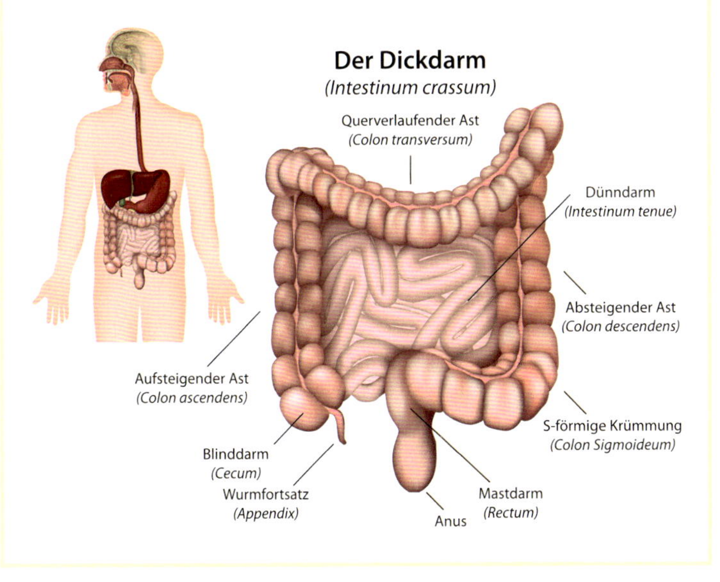

Das Darmsystem des Menschen

Je nach Art der Nahrung verbleibt sie zunächst ein bis drei Stunden im Magen, bis sie gründlich mit Magensaft vermischt ist. Im Dünndarm dauert es sieben bis neun Stunden, bis die Nahrung von den Schleimhautwänden aufgenommen wurde und der unverdauliche Rest der Nahrung als Stuhl ausgeschieden wird.

Die Verweildauer der Nahrung

Die Häufigkeit des Stuhlgangs hängt von der Zusammensetzung der Nahrung ab, von der Flüssigkeitszufuhr und auch von der Häufigkeit der Mahlzeiten. Eine weitere Rolle spielt der Zeitpunkt der Mahlzeiteneinnahme: Wenn Sie spät abends noch üppig essen wollen, sollten Sie sich darüber klar sein, dass in der Nacht die Verdauung verlangsamt arbeitet und der morgendliche Stuhlgang sich entsprechend verzögern kann.

Die Verweildauer im letzten Abschnitt des Dickdarms, dem Mastdarm, kann 30 bis 120 Stunden betragen! Das sind ein bis fünf Tage, was durchaus Unwohlsein verursachen kann. Um dem entgegenzusteuern, sollte Ihre Ernährung ballaststoffreich sein und viel Flüssigkeit enthalten. Die Flüssigkeitszufuhr beschränkt sich nicht nur auf Getränke: Auch Obst, Gemüse, Brühen und Suppen steuern außer Flüssigkeit auch Ballaststoffe und Mineralien bei.

Das Darmsystem

Der Darm beginnt am Magenausgang und endet im After (Anus). Er besteht zunächst aus dem Dünndarm, der in drei Abschnitte unterteilt wird:

- Zwölffingerdarm (Duodenum)
- Leerdarm (Jejunum)
- Krummdarm (Ileum)
- An den Dünndarm schließt sich der Dickdarm, unterteilt in:
- Blinddarm (Caecum) mit Wurmfortsatz
- Grimmdarm (Kolon)
- Mast- oder Enddarm (Rektum)

Der erste Abschnitt des Darmtrakts und der längste ist der Dünndarm. Dort wird der Nahrungsbrei verstoffwechselt, das heißt, die Nahrung wird zunächst durch Enzyme in die Nährstoffe Eiweiß, Fett und Kohlenhydrate zerlegt, dann in die Einzelbestandteile Aminosäuren, Fettsäuren sowie Zuckerstoffe gespalten und ins Blut abgegeben (resorbiert).

Der erste und längste Abschnitt des Darmtrakts ist der Dünndarm.

Die unverdaulichen Nahrungsbestandteile, das sind die löslichen und unlöslichen Ballaststoffe, gelangen in den Dickdarm. Erst dort werden die Darmbakterien aktiv (vor allem Laktobazillen und Bifidusbakterien). Sie sorgen für die Stuhlbeschaffenheit und den typischen Geruch.

Stuhl und Stuhlgang

Wie lange die Verdauung der Nahrung dauert, hängt von der Art der Nahrungsmittel, ihrer Konsistenz, der Uhrzeit und auch von der Beschaffenheit Ihrer Darmflora ab. In der Nacht arbeitet der Darm langsamer. Wer Sport treibt und sich viel bewegt, trainiert auch den Darm und kann durchaus zwei- bis dreimal am Tag Stuhlgang haben.

Der Stuhldrang hängt mit der Darmbewegung (Peristaltik) zusammen. Das ist eine wellenartige Bewegung des Darmmuskels, die den Darminhalt in Richtung Darmausgang vorwärtsbefördert. Wenn der Enddarm eine gewisse Füllmenge enthält, wird ein Reiz auf die Darmmuskulatur ausgelöst und es erfolgt eine Darmentleerung. Beim Kleinkind ist sie noch unkontrolliert, Erwachsene können sie bis zu einem gewissen Grad steuern oder unterdrücken. Man sollte aber besser immer diesem Reiz folgen und die Toilette aufsuchen.

Je nach Zusammensetzung der Nahrung erfolgt die Darmentleerung ganz einfach und schmerzlos. Es gibt aber auch das Gegenteil, wo Pressen und Drücken erforderlich ist. Dann ist der Stuhl hart, trocken und meist dunkel gefärbt. Es handelt sich um Verstopfung, bedingt etwa durch Schokolade, Bananen, Rotwein und schwarzen Tee. Äpfel und Birnen dagegen oder Apfelsaft beschleunigen die Darmpassage und sorgen für weichen Stuhl und eine rasche, schmerzlose Darmentleerung.

Ein normaler Stuhl ist von mittelbrauner Farbe, die durch den Abbau des roten Blutfarbstoffs Hämoglobin zum Gallenfarbstoff Bilirubin entsteht, der mit der Galle in den Darm gelangt und dort den Stuhl braun färbt. Es gibt Erkrankungen, die Einfluss auf die Farbe des Stuhls haben, aber auch Medikamente und Nahrungsmittel können die Stuhlfarbe verändern. Rote Bete, Spinat, Heidelbeeren und dunkle Schokolade färben den Stuhl sehr dunkel. Kohletabletten und Eisenpräparate geben ihm eine fast schwarze Färbung. Carotinreiche Nahrungsmittel wie Karotten und Kürbis dagegen führen zu hellbraunem, fast orangefarbenem Stuhl. Aufgrund des hohen Ballaststoffgehalts dieser Gemüsearten ist der Stuhl auch weicher. Tritt dabei jedoch Durchfall auf, kann eine Darminfektion die Ursache sein. Eine rötliche Färbung deutet auf Blut im Stuhl hin. Lassen Sie Auffälligkeiten unbedingt von Ihrem Hausarzt abklären!

Lassen Sie Auffälligkeiten unbedingt von Ihrem Hausarzt abklären!

Der Stuhl besteht nicht nur aus unverdaulichen Nahrungsfasern und Wasser, auch Darmabschilferungen sind darin enthalten. Das sind abgestorbene Darmzellen, die bei jedem Verdauungsvorgang anfallen und ausgeschieden werden. Diese werden jedoch stets erneuert. Man kann das vergleichen mit einem Hautpeeling, bei dem Hautschüppchen auf sanfte Art abgetragen werden und die Haut gereinigt wird. Übrigens: Auch wenn jemand keine Nahrung zu sich nimmt und hungert, fällt Stuhlgang an, der als „Hungerkot" bezeichnet wird.

Die Darmflora

Die Darmflora wird oft auch als Mikrobiom oder Mikrobiotikum bezeichnet. Sie umfasst die Gesamtheit der Darmbakterien, die unseren Darm besiedeln – zig Billionen Mikroorganismen. Die Darmflora stellt ein eigenes Ökosystem dar, eine Lebensgemeinschaft, die einen spezifischen Lebensraum in einem Makroorganismus besiedelt. Dazu zählen gute Mikroorganismen, aber auch schädliche. Ihre Zusammensetzung hat Auswirkungen auf unseren Stoffwechsel, auf unser Immunsystem, unser Körpergewicht und sogar unser Wohlbefinden. Jeder Mensch hat ein eigenes Mikrobiom, das einem Fingerabdruck gleicht und nicht zu verändern ist.

Grundsätzlich sollte die Balance zwischen den guten und schlechten Darmbewohnern ausgeglichen sein, zumindest sollten die schlechten nicht die Überhand gewinnen. Dafür können und müssen wir die Darmflora durch unsere Ernährung unterstützen, denn sonst ist unser Immunsystem in Gefahr und es drohen Krankheiten, die sich nicht nur auf den Darm auswirken.

Wichtig ist in diesem Zusammenhang auch die sogenannte Darmbarriere. Durch sie wird verhindert, dass schädliche Stoffe wie Krankheitserreger oder Gifte aus dem Darminneren in den Körper eindringen. Sie ist für unsere Gesundheit von zentraler Bedeutung, denn einerseits muss die Darmwand ja durchlässig sein für Nährstoffe, damit diese in die Darmzellen und das Blut gelangen, andererseits dient sie als Barriere für Krankheitserreger und schädliche Stoffe, die nicht ins Blut und zu wichtigen Organen gelangen sollen.

Wenn dieser Schutzwall des Darms aber durch Keime geschwächt wird, kommt es zu Beschwerden. Diese lassen sich notfalls mit medizinischer Unterstützung wie Antibiotika in den Griff bekommen, das ist jedoch keine Dauerlösung, denn Antibiotika vernichten zwar Bakterien, schädigen aber auch die Darmschleimhaut. Durchfall gehört ebenfalls zu den Nebenwirkungen. Auch Ergänzungsstoffe wie Pro- und Präbiotika können helfen, sollten aber nicht die einzige Maßnahme sein: Dauerhaft kann den guten Bakterien im Darm nur durch eine Umstellung der Ernährung auf die Sprünge geholfen werden – so kann der körpereigene Immunschutz dauerhaft wiederhergestellt werden.

> Dauerhaft hilft den guten Bakterien im Darm nur eine Umstellung der Ernährung.

Signale für einen gesunden oder kranken Darm

Der gesunde Darm:

- normaler Stuhlgang
- flacher Bauch
- wenig Körperfett im Bauchbereich
- normaler Blutdruck
- wenig Infekte
- gute Laune und Wohlbefinden

Der kranke Darm:

- Verstopfung, Durchfall, Blähungen
- fahle, fettige Haut
- Übergewicht, Wassereinlagerungen
- zu hoher Blutdruck
- häufige Erkältungen
- niedergeschlagen, vergesslich, schlecht gelaunt

Serotonin und der Magen-Darm-Trakt

Serotonin, besser bekannt als „Glückshormon", beeinflusst unsere Stimmung und sorgt für Wohlbefinden. Auch im Magen-Darm-Trakt erfüllt es Funktionen. Weil bestimmte „gute" Darmbakterien an der Herstellung der Serotoninvorstufe L-Tryptophan beteiligt sind, kann mehr L-Tryptophan und somit mehr Serotonin erzeugt werden: Es wird in der Darmschleimhaut freigesetzt und aktiviert verschiedene Rezeptoren im Darmnervensystem. Über eine Reizleitung wird die Darmbewegung (Peristaltik) angeregt. Damit wird der Stuhl vorwärtstransportiert und ausgeschieden. Ein regelmäßiger Stuhlgang trägt schließlich auch auf diesem Weg zum Wohlbefinden bei, weil er Erleichterung bringt.

Wie Sie Ihren Darm unterstützen können

Über die Ernährung können Sie viel tun, um Ihren Darm gesund und aktiv zu erhalten und damit die Darmflora und Ihre Verdauung zu unterstützen. Wie erwähnt, benötigen wir täglich mindestens 30 Gramm Ballaststoffe und zwei Liter Flüssigkeit. Wenn Ihnen das gelingt, haben Sie bereits den Grundstein für eine bessere Verdauung und mehr Wohlbefinden gelegt.

Eine vollwertige Ernährung

Sich vollwertig zu ernähren bedeutet, frische und unbehandelte Lebensmittel sowie Vollkornprodukte zu bevorzugen. Die Empfehlungen der Deutschen Gesellschaft für Ernährung (DGE) helfen auch, Verdauungsprobleme zu lindern oder sogar zu heilen. Wenn Sie diesen zehn Regeln folgen, tun Sie Ihrem Verdauungssystem sehr viel Gutes:

1. möglichst viele verschiedene Lebensmittel verwenden
2. Gemüse und Obst: „5 am Tag" verzehren
3. Vollkornprodukte wählen
4. tierische Lebensmittel in Maßen einsetzen
5. gesundheitsfördernde Fette nutzen
6. Zucker und Salz sparsam verwenden
7. viel Wasser oder Mineralwasser trinken
8. die Speisen schonend zubereiten
9. achtsam essen und genießen
10. auf das Gewicht achten und in Bewegung bleiben

Darüber hinaus gilt:

- Wenn Sie Ihre Speisen frisch zubereiten und auf Fertigprodukte verzichten, bleiben wichtige Nährstoffe, Vitamine, Mineralien und Spurenelemente erhalten.
- Wenn Obst und Gemüse entsprechend ihrer natürlichen Wachstums- und Erntezeit auf den Tisch kommen, sind sie

natürlich gereift und aromatischer als Obst und Gemüse aus dem Gewächshaus.

WAS DEM DARM GUTTUT	WAS DEM DARM SCHADET
Vollkornprodukte	Schokolade
frisches Obst	Fertigprodukte
Gemüse	fettreiche Produkte
Rohkostsalate	verdauungsfördernde Mittel/ Abführmittel
viel Flüssigkeit, am besten Wasser	schwarzer Tee, Rotwein

Mit Fleisch oder ohne?

Für einen gesunden Darm empfiehlt sich die vegetarisch betonte Ernährung. Man muss sie nicht konsequent verfolgen, sollte aber nicht so oft Fleisch essen. Ein- bis zweimal pro Woche, dafür von guter Qualität – damit sind sie gut versorgt.

Fisch sollten Sie nicht völlig vom Speiseplan streichen, weil er Jod und wertvolle Omega-3-Fettsäuren liefert. Ein- bis zweimal pro Woche sollte daher Fisch auf dem Speisezettel stehen. Achten Sie auf eine zertifizierte Herstellung!

Ballaststoffe

Ballaststoffe erhöhen das Volumen der Nahrung. Es sind unverdauliche Faser- und Schleimstoffe, die den Sättigungswert der Nahrung steigern, Schadstoffe binden und mit dem Stuhl ausscheiden. Es gibt wasserlösliche und wasserunlösliche Ballaststoffe. Sie kommen nur in pflanzlichen Nahrungsmitteln vor, in Getreide, Gemüse, Salat, Obst, Hülsenfrüchten und Nüssen sowie in Pilzen und Kräutern. Am wichtigsten ist die Cellulose, die hauptsächlich im Dickdarm durch Colibakterien aufgeschlossen wird.

Der wichtigste Ballaststoff ist die Cellulose.

Die Ballaststoffe benötigen für ihre darmfreundliche Funktion reichlich Flüssigkeit, um zu quellen, das Stuhlvolumen zu erhöhen und den Stuhl geschmeidig zu halten. Nur so wird der Stuhlgang schmerzlos und funktioniert regelmäßig.

Ballaststoffbombe Flohsamenschalen

Zahlreiche Studien belegen ihre sichere Wirkung: Flohsamenschalen helfen bei chronischer Verstopfung, erleichtern die Stuhlabgabe bei schmerzhaften Stühlen und sind eine Therapieform bei Reizdarm und zu hohen Cholesterinwerten.

Das Wirkprinzip der Flohsamen steckt in ihrem hohen Ballaststoffgehalt, der 20 bis 30 Prozent des gesamten Samens entspricht. Neben einer schonenden Darmregulation reinigen die löslichen Ballaststoffe den Darm von Fäulnisstoffen und Darmgasen und fördern auch das Wachstum darmfreundlicher Bakterien.

Flohsamenschalen enthalten darüber hinaus wertvolle Schleimstoffe, die zu einem verbesserten Gleiten des Darminhalts führen, aber auch dazu, dass sich entzündliche Prozesse im Magen-Darm-Trakt schneller zurückbilden können. Sie helfen auch bei einem trägen Dickdarm oder schwachen Beckenbodenmuskeln. Der Stuhl wird voluminöser und weicher und ist gut geformt. Dadurch werden die Dickdarmwände und auch die Peristaltik stimuliert.

Achtung: Flohsamenschalen wirken aber nur, wenn Sie viel Flüssigkeit trinken: mindestens 150 ml Wasser auf 5 g Flohsamenschalen.

Mithilfe der Rezepte im zweiten Teil des Buches können Sie Ihr Essen so zusammenstellen, dass Sie auf mindestens 30 Gramm Ballaststoffe pro Tag kommen. Das dürfen auch mehr als drei Mahlzeiten sein: Rechnen Sie die Zwischenmahlzeiten und etwas Obst mit ein, dann dürften Sie das Quantum locker schaffen.

Im Folgenden finden Sie eine Liste zu Kalorien- und Ballaststoffgehalt wichtiger Nahrungsmittel für die Darmfunktion.

NAHRUNGSMITTEL (100 g)	KALORIEN (kcal)	BALLASTSTOFFE (g)
Getreideprodukte		
Weizenkleie	176	45,4
Roggenvollkornmehl, Type 1800	273	13,7
Weizenvollkornmehl, Type 1700	306	12,9
Haferflocken, Vollkorn	354	9,5
Haferflocken, instant	351	9,5
Weizenmehl, Type 405	339	4,0
Dinkelmehl, Type 630	349	3,7
Vollkornreis, Naturreis	348	2,2
Brot		
Pumpernickel	182	9,3
Weizenvollkorntoast	266	6,5
Roggenmischbrot	210	6,2
Weizenmischbrot	225	4,6
Teigwaren (Rohgewicht)		
Vollkornnudeln	343	8,0
Eiernudeln	347	3,4
Obst		
Trockenfeigen	243	12,9
Rosinen	287	5,4
Birnen (ungeschält)	55	3,3
Äpfel (ungeschält)	54	2,0
Zwetschgen	45	1,6

NAHRUNGSMITTEL (100 g)	KALORIEN (kcal)	BALLASTSTOFFE (g)
Gemüse		
Knollensellerie	18	4,2
Karotten	27	3,4
Weißkohl	22	3,0
Lauch	25	2,3
Kartoffeln	71	2,1
Rote Bete, gekocht	25	2,0
Zwiebeln	28	1,8
Hülsenfrüchte (Trockengewicht)		
weiße Bohnen	294	17,0
Erbsen	275	16,6
Linsen	310	10,6

Bitte langsam umstellen!

Wenn Sie von einer bisher ballaststoffarmen auf eine ballaststoffreiche Ernährung umstellen, sollte dies allmählich geschehen, damit sich der Darm und die entsprechenden Mikroorganismen daran gewöhnen können. Mögliche anfängliche Magen-Darm-Beschwerden wie Blähungen legen sich in aller Regel bald wieder. Denken Sie auch daran, reichlich Flüssigkeit zu sich zu nehmen, denn sie ist essenziell für die richtige Verwertung der Ballaststoffe.

Am besten gelingt die Umstellung auf eine ballaststoffreiche Ernährung, indem Sie nach und nach helles Mehl gegen Vollkornmehl austauschen, mehr Getreide und Getreideprodukte essen, reichlich Gemüse, Hülsenfrüchte, Kartoffeln, Keimlinge, Salat und Obst verzehren und konventionelle Nudeln mit den Vollkornvarianten mischen.

Resistente Stärke

Stärke findet sich insbesondere in Kartoffeln, Reis und Nudeln.

Stärke gehört zu den komplexen Kohlenhydraten und ist Bestandteil vieler Nahrungsmittel, insbesondere von Kartoffeln, Reis und Nudeln. Werden diese Nahrungsmittel gekocht und anschließend abgekühlt, verändert die Stärke ihre chemische Struktur und wird zur „resistenten Stärke", das heißt, sie wird für den Darm unverdaulich und somit nicht aufgenommen. Damit zählt sie zu den Ballaststoffen und hat einen positiven Einfluss auf die Darmflora, denn sie dient den nützlichen Darmbakterien als Nahrung. Dieser Verarbeitungsprozess dauert bis zu 24 Stunden.

Resistente Stärke gelangt ungespalten in den Dickdarm, wo sie von den Milchsäurebakterien abgebaut wird. Dabei entsteht Buttersäure, eine kurzkettige Fettsäure, die im Körper viele Funktionen erfüllt. Sie ist der wichtigste Energielieferant für die Darmschleimhaut, schützt vor Entzündungen und fördert eine gesunde Darmflora. Sie unterstützt damit das Immunsystem und soll sogar positiv auf den Blutinsulinspiegel wirken sowie die Insulinempfindlichkeit verbessern.

Reste richtig verwerten

Wenn die abgekühlten Nahrungsmittel nochmals erhitzt werden, zerstört das die resistente Stärke nicht. Sie können also ohne Weiteres Kartoffel-, Nudel- und Reisreste vom Vortag aufwärmen, ohne die positive Wirkung auf die Darmflora zu schmälern. Gerade für die Single-Küche ist das vorteilhaft, denn es lohnt nicht, stets kleine Portionen zu kochen.

Für die Resteverwertung gibt es sehr viele Möglichkeiten und wirklich leckere Rezepte. Nutzen Sie für Reste den Kühl- und Gefrierschrank und heben Sie die Reste portionsweise auf. Die Kühl- und Gefrierboxen immer mit Inhalt und Datum beschriften!

Unerlässlich: Bewegung und Entspannung

Bewegung hilft der Verdauung

Wir hören es ungern, aber es stimmt: Nicht nur die Ernährung, auch andere Komponenten spielen beim Thema Verdauungsbeschwerden eine Rolle. Der moderne Lebensstil mutet unserem Darm einiges zu. Oft vergessen wir, dass wir eigentlich gar nicht dafür gemacht sind, acht oder mehr Stunden im Büro zu sitzen. Doch Bewegung ist wichtig, denn Bewegungsmangel lässt die Darmmuskulatur erschlaffen, was zu verschiedenen Problemen führen kann.

Um den Darm wieder fit zu machen, müssen Sie keinen Hochleistungssport betreiben. Schon ein Spaziergang oder Radfahren aktivieren den Stoffwechsel und regen die Darmtätigkeit an. Wenn Sie sich täglich mindestens eine halbe Stunde moderat bewegen, macht das auch Ihre Darmbakterien glücklich: Studien haben gezeigt, dass das Mikrobiom des Darms von Sportlern vielfältiger ist, außerdem wird die Aktivität des Magen-Darm-Trakts gesteigert und die Verdauungsorgane besser durchblutet – eine Unterstützung auch bei Verstopfung.

Schon ein Spaziergang oder Radfahren aktivieren den Stoffwechsel und regen die Darmtätigkeit an.

Überlegen Sie, was Ihnen Freude machen könnte und Sie nicht übermäßig anstrengt. Vielleicht können Sie auf dem Weg zur Arbeit das Auto etwas weiter weg stehen lassen und die restliche Viertelstunde zu Fuß gehen? Bereits zügiges Gehen fördert die Aktivität Ihres Darmes und macht nebenbei noch den Kopf frei.

Sollten Sie übergewichtig sein, werden Sie nach und nach durch die Bewegung auch Gewicht reduzieren und dürfen nicht nur hinsichtlich Verdauungsbeschwerden mit einer deutlichen Verbesserung Ihres Stoffwechsels rechnen. Wenn Sie nach dem Motto „Runter vom Sofa“ mit einem Bewegungsprogramm starten, dass individuell zu Ihrem Leistungsvermögen passt und das Sie dauerhaft in Ihren Alltag integrieren, wird sich Ihre gesamte

Stoffwechselsituation verbessern. Bewegung ist also keine Belastung, sondern eine Entlastung. Und sie senkt laut Stiftung Warentest das Risiko für Herz-Kreislauf-Erkrankungen um bis zu 50 Prozent.

Wichtig dabei ist die Regelmäßigkeit. Besser Sie joggen dreimal in der Woche zehn Minuten lang, als am Wochenende den Bewegungsmangel mit einer Stunde Laufen am Stück ausgleichen zu wollen. Durch das Ausdauertraining stellt sich Ihr Körper um, der Stoffwechsel kommt in Gang und damit auch Ihre Verdauung.

Sport: Langsam anfangen

Haben Sie noch nie regelmäßig Sport gemacht, tasten Sie sich langsam an die Bewegung heran und geben Sie sich ein paar Wochen oder sogar Monate Zeit. Steigern Sie Ihr Pensum, wenn es stabil ist, langsam: „Mäßig, aber regelmäßig" lautet hier die Devise. Das Alter spielt übrigens keine Rolle. Selbst wenn man schon über 90 ist, steigert Training die Gesundheit – der Alterungsprozess kann durch körperliche Aktivität verzögert werden.

Entspannung beruhigt den Darm

Ob es uns gefällt oder nicht: Verdauungsbeschwerden sind oft auch stressbedingt. Das bedeutet aber auch, dass, wenn wir den Stress reduzieren, es auch unserem Verdauungssystem wieder besser geht. Unterstützend zur Ernährung ist es nie verkehrt, ab und an zur Ruhe zu kommen und sich zu besinnen – nachgewiesenermaßen hat auch das einen positiven Einfluss auf unsere Verdauung.

Dem Stress entfliehen: Es gibt viele Möglichkeiten, wie Sie den Alltag hinter sich lassen und Entspannung finden können: beispielsweise mit Yoga, der progressiven Muskelentspannung, autogenem Training, Tai Chi, Qigong und anderen Methoden.

Gönnen Sie sich Ruhepausen: Lassen Sie sich ein duftendes Bad ein, nehmen Sie sich eine wohltuende Auszeit in der Sauna, genehmigen Sie sich eine entspannende Massage oder legen Sie sich einfach aufs Sofa oder den Teppich und hören Sie Musik. Lassen Sie den Fernseher aus, legen Sie das Smartphone in ein anderes Zimmer. Wer sich für ein paar Minuten am Tag zurückzieht, um Frieden zu haben, tut sich und seiner Verdauung viel Gutes.

Nehmen Sie sich Zeit fürs Essen: Je besser Sie Ihre Nahrung kauen, umso besser und leichter kann der Darm sie verdauen. Mit jedem Kauen vergrößern Sie die Oberfläche des Speisebreis und bieten den Verdauungsenzymen mehr Platz zum Ansetzen. Versuchen Sie, bewusst zu kauen, egal was Sie essen. Zählen Sie ruhig einmal mit, wenn Sie das nächste Mal essen! Beim Schlingen gelangt oft Luft in den Verdauungstrakt, die zu Aufstoßen oder Blähungen führen kann. Nehmen Sie sich daher Zeit für die Mahlzeiten.

Gönnen Sie Ihrem Darm Auszeiten: Ihr Darm freut sich, wenn Sie ihm regelmäßige Ruhephasen gönnen. Zwischen dem Verzehr von Mahlzeiten sollten jeweils vier bis fünf Stunden liegen. Essen Sie nicht bis zum Anschlag, sondern achten Sie auf Ihr natürliches Sättigungsgefühl: Essen Sie nur so viel, bis Sie gerade satt sind. Längere Essenspausen oder regelmäßige Fastentage ermöglichen dem Darm zusätzlich Erholung. Stichwort Intervallfasten: Bei der Variante 16/8 beispielsweise essen Sie nur während acht Stunden; 16 Stunden bleiben Sie ohne Nahrung. Das bedeutet z. B. Sie nehmen die letzte Mahlzeit des Tages um 16 Uhr ein und essen erst wieder morgens um 8 Uhr etwas.

Schlafen Sie ausreichend: Achten Sie darauf, ausreichend Schlaf zu bekommen. Nach neueren Erkenntnissen erhöht Schlafmangel das Risiko für Darmkrebs. Vermeiden Sie Reize in Ihrem Schlafzimmer – Smartphone und Co. haben im Bett nichts verloren.

Wenn der Schlafrhythmus gestört ist, kommt auch der Darm durcheinander.

Das blaue Licht des Displays verhindert, dass sich das Schlafhormon Melatonin bilden kann, und sorgt für Einschlafstörungen. Das bringt unseren Schlafrhythmus durcheinander, was wiederum den Darm bei seiner natürlichen Arbeit stört. Alle Geräte mindestens eine halbe Stunde vor dem Zubettgehen ausschalten!

Wärme und Wickel: Bei Magen- und Darmbeschwerden setzen viele auf die wohltuende Wirkung einer Wärmflasche. Tatsächlich kann Wärme durchfall- oder verstopfungsbedingte Bauchschmerzen lindern. Sie entspannt den Bauch und verringert so die Schmerzen. Darüber hinaus tut es immer gut, sich in eine Decke zu kuscheln und die Füße langzulegen, um dem Bauch nach einem langen Tag am Schreibtisch Gelegenheit zur Entspannung zu geben.

Der Darm: Störungen und Erkrankungen

Wenn es um die Gesundheit des Darms geht, sollte man grundsätzlich zwischen Darmerkrankungen und Darmstörungen unterscheiden. Darmerkrankungen müssen medizinisch und diätetisch behandelt werden, denn die Darmschleimhaut wird dabei stark in Mitleidenschaft gezogen und damit in ihrer Funktion als Bestandteil des Immunsystems sehr geschwächt. Die Ursachen können in falscher Ernährung liegen, aber auch Bakterien und Viren kommen in Betracht.

Auch vorübergehende Darmstörungen sollten Sie ernst nehmen.

Darmstörungen dagegen können Sie in der Regel selbst durch eine angepasste Ernährung in den Griff bekommen. Meist handelt es sich dabei um Verstopfung, Durchfall oder Blähungen. Darmstörungen sind von vorübergehender Natur, trotzdem sollten Sie sie ernst nehmen und Ihre gesunde Darmflora durch die richtige Ernährung wiederherstellen.

Erkrankungen des Dünndarms

Akute und chronische Darmentzündung (Enteritis)

Die Ursachen sind vielfältig: Ein großer Verzehr von unreifem Obst, Alkohol, fetten oder sehr kalten Speisen und bestimmte Medikamente können zur Entzündung des Dünndarms führen. Die häufigste Ursache ist jedoch eine Lebensmittelvergiftung, die durch Salmonellen ausgelöst wird: Innerhalb von bis zu 24 Stunden kommt es zu Erbrechen, Durchfall, Fieber und Bauchschmerzen. Die Krankheit wird mit Antibiotika behandelt. Bei schwerem Verlauf müssen Elektrolyte parenteral zugeführt werden. Wenn die Entzündung chronisch wird, können sich darunter andere Krankheitsbilder wie Morbus Crohn, Zöliakie etc. verbergen.

Morbus Crohn

Die Erkrankung betrifft überwiegend das letzte Teilstück des Dünndarms. Es handelt sich um eine chronische und entzündliche Erkrankung, von der auch der gesamte Magen-Darm-Trakt von der Mundhöhle bis zum After in Mitleidenschaft gezogen werden kann. Der Dickdarm ist allerdings bevorzugt betroffen, wobei er nur teilweise geschädigt ist.

Die Krankheit zeigt sich mit Schmerzen im Unterbauch, mit Fieber, Durchfällen, die blutig sein können. Sie geht mit Gewichtsabnahme und Leistungsminderung einher. Eine Heilung von Morbus Crohn ist nicht möglich. Eine medikamentöse Behandlung und eine angepasst Ernährung können die Symptome aber in vielen Fällen lindern.

Zöliakie und Sprue

Bei dieser Erkrankung handelt es sich um eine Getreide- bzw. Glutenunverträglichkeit, die sich gegen Weizen, Roggen, Gerste und Hafer richtet. Tritt sie im Kindesalter auf, spricht man von Zöliakie, im Erwachsenenalter heißt sie einheimische Sprue.

Die Darmschleimhaut wird durch Getreideeiweiß stark geschädigt, dadurch wird die Resorption bestimmter Nährstoffe beeinträchtigt. Es kann zu Verstopfung und zu Durchfällen kommen. Auch Gewichtsabnahme, Vitaminmangel und Laktoseunverträglichkeit können ihre Ursachen in der Sprue haben. Hier muss eine glutenfreie Ernährung eingehalten werden, die dennoch ballaststoffreich ist und die Darmschleimhaut in ihrer Funktion unterstützt. Alternativen sind Produkte aus Reis, Mais, Buchweizen, Soja und Kartoffeln.

Milchzuckerunverträglichkeit (Laktoseintoleranz)

Alle Milchprodukte, die Milchzucker enthalten, sind bei dieser Krankheit, die oft als Milchallergie bezeichnet wird, tabu. Mittlerweile gibt es ein eigenes Marktsegment mit laktosefreien Produkten. Es geht dabei um Milch und Sauermilchprodukte (Joghurt, Dickmilch, Kefir, saure Sahne), auch um Schlagsahne und Kondensmilch, nicht aber um Käse. Durch den Herstellungsprozess (Säuerung, Bakterientätigkeit, Reifung) ist kaum noch Laktose vorhanden bzw. enthält Käse nur kleinste Mengen, die tolerierbar sind. Je nach Grad der Laktoseintoleranz können kleine Mengen an Sauermilchprodukten und Quark durchaus vertragen werden.

In Käse ist kaum noch Laktose vorhanden.

Wer Laktose nicht verträgt, reagiert mit Bauchmerzen, Blähungen und Durchfall. Alternativen zu Milch sind beispielsweise Soja- und Haferdrinks.

Erkrankungen des Dickdarms

Colitis ulcerosa

Dabei handelt sich um eine chronische und entzündliche Erkrankung des Dickdarms mit unbekannter Ursache. Im Gegensatz zu Morbus Crohn ist stets das letzte Stück des Dickdarms befallen, wobei bei Colitis ulcerosa dieser Teil durchgehend betroffen ist und kein Wechsel zwischen nicht entzündeten und entzündeten Abschnitten stattfindet.

Das häufigste Symptom ist das Auftreten von blutigem und eitrigem Durchfall, der Stuhlabgang ist schmerzhaft. Wie bei Morbus Crohn zeigt sich ein allgemeines Krankheitsgefühl und Leistungsminderung. Bisher deutet nichts darauf hin, dass bestimmte Lebensmittel oder Ernährungsweisen eine Colitis ulcerosa begünstigen oder vor dieser schützen können.

Funktionsstörungen des Dickdarms

An keinem Organ kommen Funktionsstörungen häufiger vor als am Dickdarm. Betroffen ist vor allem das Kolon. Es kommt zu einem Wechsel von Durchfall und Verstopfung. Als Ursachen gelten psychischer Stress und ballaststoffarme Ernährung. Empfehlenswert ist in diesem Fall, der 30 Prozent der deutschen Bevölkerung betrifft, eine ballaststoffreiche Ernährung (60 Gramm Ballaststoffe pro Tag), verbunden mit reichlich Flüssigkeit. Die Ballaststoffe sollten überwiegend aus Getreide stammen, ergänzend dazu wird der Verzehr von Weizenkleie empfohlen, die Sie beispielsweise dem Müsli und anderen Speisen beimischen können.

Divertikulose

Unter Divertikeln versteht man Ausstülpungen an der Darmwand des Kolons. Sie treten vor allem ab dem 60. Lebensjahr bei 30 bis 40 Prozent der Menschen in Deutschland auf. Als Ursache kommt eine ballaststoffarme Ernährung infrage. Etliche Studien haben gezeigt, dass sich die durch Divertikulose ausgelösten Beschwerden, nämlich der Wechsel von Verstopfung und Durchfall, mit einer ballaststoffreichen Ernährung, die möglichst durch den Zusatz von Weizenkleie ergänzt wird, erfolgreich behandeln lassen.

Allgemeine Darmprobleme

Verstopfung

Eine Darmverstopfung liegt vor, wenn man nur ein- bis zweimal in der Woche Stuhlgang hat und dieser hart und klumpig ist. Verstopfung reduziert die Lebensqualität massiv, kann oft aber auch leicht behoben werden, indem Sie für ballaststoffreiche Ernährung sorgen und vor allem viel Wasser trinken. Was Sie noch tun können: Durch Bewegung wird die Muskulatur des Darms in Bewegung gehalten. Wenn Sie beispielsweise während des Tages viel sitzen, reduziert dies die Eigenbewegungen des Darms. Um den Darm wieder in Gang zu bringen, reicht schon ein abendlicher Spaziergang oder etwas Gymnastik.

Um den Darm wieder in Gang zu bringen, reicht oft ein Spaziergang oder etwas Gymnastik.

Zu den Ursachen können auch hormonelle Umstellungen gehören, die vor allem Frauen betreffen, so während der Schwangerschaft, aber auch ein wenig vor oder während der Menstruation. Auch seelische Ursachen können bei Verstopfung eine Rolle spielen, Hämorrhoiden und eine nachlassende Spannung in der Darmmuskulatur.

Suppen regen die Verdauung an

Suppen sind reich an Flüssigkeit, Würzstoffen und Kräutern und regen die Produktion von Magensaft und Verdauungssäften an. Auch wenn sie wenig Ballaststoffe enthalten, können sie durch den Gehalt an Wasser den Darm in seiner Tätigkeit gut unterstützen und zur Sättigung beitragen.

Durchfall

Bei Durchfall handelt es sich um einen mehrfach unkontrollierten Stuhlgang von breiiger bis dünner Konsistenz. Er ist meist hellbraun gefärbt. Der Darminhalt verlässt den Darm wässrig, der

Nahrungsbrei ist nicht völlig resorbiert und nicht eingedickt. Nährstoffe, Vitamine, Spurenelemente sowie Wasser gehen dem Körper verloren und werden ausgeschieden. Das schwächt den Körper, die Leistungsfähigkeit sinkt und man bekommt den ständigen Stuhldrang nicht unter Kontrolle. Solche Durchfälle können viele Ursachen haben: Neben der Ernährung kommen auch seelische Belastungen wie Stress und Angst infrage.

- Ein wahres Wundermittel gegen Durchfall sind Heidelbeeren. Ein Fläschchen Muttersaft, also hochwertigen Direktsaft aus der ersten Pressung mit 100 Prozent Fruchtgehalt, bei Bedarf mit etwas Wasser verdünnt und gesüßt, sorgt dafür, dass Sie sich nach etwa zwei Tagen wieder pudelwohl fühlen. Auch getrocknete Heidelbeeren aus der Apotheke sind wirkungsvoll. Kaut man mehrmals fünf bis zehn Gramm der ganzen, getrockneten Beeren, werden die enthaltenen Gerbstoffe langsam im Darm freigesetzt und üben so ihre stopfende Wirkung bis in die tiefer gelegenen Darmabschnitte aus.
- Selbstverständlich hilft auch Kamillentee bei Durchfällen. Nervös bedingter Durchfall lässt sich durch einen Tee beruhigen, der zu gleichen Teilen aus Kamille, Ringelblume und Himbeerblättern gebrüht wird.
- Ein ausgezeichnetes Heilkraut gegen Durchfall sind Flohsamenschalen (siehe Seite 17). Erstaunlicherweise wirken die Samenschalen sowohl gegen Verstopfung als auch gegen Durchfall. Der Grund dafür ist, dass sie als stark quellender Ballaststoff einerseits dem Darm ein großes Volumen verschaffen, das ihn füllt, und durch den Dehnungsreiz den Stuhlgang anregen. Andererseits binden sie überschüssige Flüssigkeit sowie darmreizende Stoffe im Darm, wodurch sie dem Durchfall entgegenwirken. Durch die Flohsamenschalen erhält der Stuhl eine angenehm weiche Konsistenz. Da sie rein natürlich wirken, sind sie auch für Schwangere und Stillende ideal.

- Grüner Tee enthält relativ große Mengen an Gerbstoffen, die antibakteriell, entzündungshemmend, reizmildernd und antiviral wirken. Daher hilft grüner Tee auch bei Durchfall. Gibt man Vitamin C dazu, z. B. in Form von Zitronensaft, verhindert dies ein schnelles Oxidieren der wertvollen Inhaltsstoffe.

Flüssigkeits- und Mineralstoffverluste ausgleichen
Wichtig ist, dass Sie den Flüssigkeits- und Mineralstoffverlust bei Durchfall ausgleichen, z. B. mithilfe von Kräutertees. Als Nahrungsaufbau dienen Schleimsuppen, beispielsweise Haferschleim, und/oder geriebene Äpfel. Auch Möhrensuppen sind geeignet. Meiden Sie fürs Erste blähende Speisen sowie Milch und Milchprodukte.

Blähungen

Blähungen sind meist von bestimmten Nahrungsmitteln verursacht.

Blähungen haben verschiedene Ursachen. An erster Stelle stehen bestimmte Nahrungsmittel, insbesondere Hülsenfrüchte wie Erbsen, Bohnen oder Linsen, auch Kohl wirkt blähend. Auch kohlensäurehaltige Getränke und bestimmte Zuckeraustauschstoffe können zu Blähungen führen. Außerdem ist oft hastiges Essen und schnelles Trinken schuld daran, dass wir zu viel Luft schlucken. Das Kauen von Kaugummi kann ebenfalls dazu beitragen.

Die Darmflora ist zuständig für die Gasbildung aus den Nahrungsbestandteilen. Wenn zu viele gasbildende Bakterien im Dickdarm sind, schafft es das Mikrobiom nicht, das Gleichgewicht herzustellen. Es kommt es zum Blähbauch und zu Blähungen, die man Meteorismus nennt. Die Gase verlassen den Darm, was aufgrund der Geräusche und des Geruchs sehr unangenehm und peinlich sein kann.

Bei Blähungen können bereits während des Essens Gewürze helfen:

- Lebensmittel mit Scharfstoffen wie Cayennepfeffer oder Ingwer steigern die Speichel- und Magensaftproduktion. Ingwer wirkt darüber hinaus entkrampfend und regt die Verdauungsprozesse an.
- Kümmel wenden Sie an, wenn Sie doch einmal Kohl essen wollen. Er wirkt krampflösend und beruhigend auf Magen, Darm und Galle.
- Schnelle Hilfe für zwischendurch bieten gekaute Fenchelsamen (auch Dill- oder Anissamen sind möglich). Ihre Inhaltsstoffe entspannen die Muskulatur des Verdauungstrakts. Dadurch können angesammelte Gase unauffällig entweichen.
- Ein Hausmittel ist es, nach der Mahlzeit 1 TL gehackte Petersilie zu kauen.
- Wenn man Hülsenfrüchte (z. B. Sojabohnen, grüne Bohnen, Erbsen) kocht, lassen sich ihre blähenden Wirkungen durch Kümmel, Fenchel, Dill oder Thymian mildern. Auch Bohnenkraut wirkt hier unterstützend.

Teezubereitung gegen Blähungen

Eine typische Teemischung gegen Blähungen besteht z. B. aus je 40 g Anis- und Fenchelsamen sowie 20 g Kamillenblüten. Davon 1 EL pro Tasse mit 250 ml kochendem Wasser überbrühen und 10–15 Minuten ziehen lassen, abseihen und in kleinen Schlucken trinken.

111 REZEPTE FÜR EINEN GESUNDEN DARM

Mit der richtigen Ernährung können Sie eine Menge für die Gesundheit Ihres Verdauungstrakts tun. Bei den folgenden Rezepten für Frühstück, Mittag- und Abendessen oder Snacks ist für jeden das Passende dabei, auch Süßes kommt nicht zu kurz. Genießen Sie die Vielfalt an Speisen und probieren Sie Neues aus. Viel Spaß beim Zubereiten!

Willkommen im Rezeptteil

Eine gesunde Lebensweise mit abwechslungsreicher Ernährung und viel Bewegung trägt wesentlich zur Darmgesundheit und zur Stärkung des Immunsystems bei. Damit schützt sie nachweislich vor vielen Krankheiten, die oft auch altersbedingt auftreten und die Lebensqualität stark schmälern. Es ist nie zu spät, etwas an seiner Ernährung zu ändern und alte Gewohnheiten hinter sich zu lassen. Fangen Sie gleich damit an, mit der darmgesunden Ernährung Ihr Immunsystem zu stärken und Ihre Verdauung in Schwung zu bringen und zu halten.

Alle Gerichte sättigen aufgrund ihres hohen Ballaststoffgehalts gut, sind gut verträglich und auch für empfindliche Menschen geeignet.

Ihr darmgesunder Tag

Der darmgesunde Tag beginnt mit einem ballaststoffreichen Frühstück. Wenn Sie etwa diesem beispielhaften Tagesplan folgen, kommen Sie auf 33 Gramm Ballaststoffe pro Tag, genau die Menge, die Ihr Darm täglich benötigt, um seine Funktionen gut zu erfüllen.

FRÜHSTÜCK

Birchermüsli (Seite 38)

Ballaststoffgehalt: 10 Gramm

SNACKS

1. Exotischer Fruchtcocktail (Seite 44)

Ballaststoffgehalt: 6 Gramm

2. Kräuterfrischer Kefirmix (Seite 49)

Ballaststoffgehalt: 2 Gramm

MITTAGESSEN

Dinkelspätzle mit Pilzen (Seite 88)

Ballaststoffgehalt: 7 Gramm

ABENDESSEN

Rotbarsch auf Fenchel (Seite 134)

Ballaststoffgehalt: 8 Gramm

→ Ballaststoffgehalt insgesamt: 33 Gramm

Haltbarkeit und Resteverwertung

Wir werfen viele Nahrungsmittel weg. Vor allem in Singlehaushalten landet etliches in der Biotonne, weil man nur kleine Portionen braucht, aber im Supermarkt abgepackte Ware gekauft hat. Kaufen Sie nur so viel ein, wie Sie wirklich brauchen!

Wurzelgemüse (Karotten, Knollensellerie, Lauch) hält sich gut, aber Blattsalate, Gurken, Radieschen, Zucchini und Tomaten sollten rasch aufgebraucht werden. Kohlarten (Weiß- und Rotkohl, Chinakohl) dagegen lassen sich gut ein paar Tage aufheben. Brokkoli und Blumenkohl werden rasch welk, man sollte sie möglichst schnell verarbeiten. Kartoffeln und Zwiebeln sind zwar robust, brauchen aber eine kühle, dunkle und trockene Lagerung.

FRÜHSTÜCK

Heidelbeer-Bananen-Müsli

Zubereitungszeit: ca. 10 Minuten

Eine Portion enthält:

476 kcal (1993 kJ)
10 g Eiweiß
7 g Fett
91 g Kohlenhydrate
12 g Ballaststoffe

Zutaten für 1 Portion

3 EL blütenzarte Haferflocken
2 EL knusprige Haferfleks
75 g Heidelbeeren
1 mittelgroße Banane
250 ml Haferdrink

Zubereitung

Die Haferflocken mit den Haferfleks in einem Müslischälchen mischen. Die Heidelbeeren waschen, verlesen und dazugeben. Die Banane schälen, in Scheiben schneiden und zufügen. Den Haferdrink darübergießen.

TIPP

Je nach Saison und Marktangebot können Sie auch andere frische Beeren verwenden.

Trauben-Walnuss-Müsli

Zubereitungszeit: ca. 10 Minuten

Eine Portion enthält:

484 kcal (2926 kJ)
12 g Eiweiß
19 g Fett
64 g Kohlenhydrate
9 g Ballaststoffe

Zutaten für 2 Portionen

4 EL kernige Haferflocken
4 EL blütenzarte Haferflocken
1 mittelgroße Banane
100 g kernlose Weintrauben
40 g gehackte Walnüsse
400 ml Milch, 1,8 % Fett, oder Haferdrink

Zubereitung

1 Die Haferflocken mischen und auf zwei Müslischälchen verteilen. Die Banane schälen, in Scheiben schneiden und untermischen. Die Weintrauben waschen, von den Stielen zupfen, in der Mitte durchschneiden und dazugeben.

2 Die gehackten Walnüsse darüberstreuen und die Milch oder den Haferdrink untermischen.

Müsli mit Feigen

Zubereitungszeit: ca. 10 Minuten

Eine Portion enthält:

341 kcal (1427 kJ)
12 g Eiweiß
13 g Fett
44 g Kohlendrate
8 g Ballaststoffe

Zutaten für 2 Portionen

1 Bio-Orange
2 TL flüssiger Honig
200 g Naturjoghurt, 3,5 % Fett
6 gehäufte EL kernige Haferflocken
2 frische Feigen
20 g Mandelstifte
je 1 Prise Kakao- und Zimtpulver

Zubereitung

1 Die Orange waschen, die Schale abreiben. Die Frucht schälen und das Fruchtfleisch in Filets teilen.

2 Den Honig und den Orangenabrieb unter den Joghurt mischen und das Ganze auf zwei Schälchen verteilen. Jeweils 3 EL Haferflocken daraufstreuen.

3 Die Hälfte der Orangenfilets und eine Feige klein schneiden. Die zweite Feige vierteln. Das Obst auf dem Müsli verteilen, mit Mandelstiften bestreuen und mit Kakao und Zimt bestäuben.

Birchermüsli

Zubereitungszeit: ca. 10 Minuten

Eine Portion enthält:

560 kcal (2344 kJ)
13 g Eiweiß
24 g Fett
69 g Kohlenhydrate
10 g Ballaststoffe

Zutaten für 2 Portionen

100 g kernige Haferflocken
125 ml Milch, 1,8 % Fett, oder Haferdrink
60 ml Sahne
1 Apfel
1 mittelgroße Banane
Saft von ½ Zitrone
1 Orange
25 g gehackte Haselnüsse

Zubereitung

1 Die Haferflocken mit Milch oder Haferdrink und Sahne übergießen und etwas ziehen lassen.

2 Inzwischen die Äpfel waschen, vierteln, das Kerngehäuse jeweils herausschneiden und die Äpfel klein schneiden. Die Bananen schälen, in Scheiben schneiden, mit Zitronensaft beträufeln und zu den Äpfeln geben.

3 Die Orange schälen, in Spalten teilen, klein schneiden und hinzugeben. Das Obst gut vermengen.

4 Das Obst unter die eingeweichten Haferflocken heben und das Müsli mit gehackten Haselnüssen bestreuen.

Quarkbrot mit Apfelmus

Zubereitungszeit: ca. 5 Minuten

Eine Portion enthält:

312 kcal (1306 kJ)
15 g Eiweiß
5 g Fett
51 g Kohlenhydrate
11 g Ballaststoffe

Zutaten für 1 Portion

1 TL geschrotete Leinsamen oder Flohsamen
50 g Apfelmus (Glas)
60 g Speisequark, Halbfettstufe (20 %)
2 Scheiben Roggenvollkornbrot

Zubereitung

Lein- oder Flohsamen in das Apfelmus mischen, den Quark auf die Brotscheiben verteilen und das Apfelmus darübergeben.

TIPP

Statt Apfelmus können Sie auch Aprikosenmus aus dem Glas oder Zwetschgenmus verwenden. Achten Sie auf einen geringen Zuckergehalt! Oder Sie verwenden selbst gemachtes Mus.

Vollkornbrot mit Ei, Kresse und Tomate

Zubereitungszeit: ca. 10 Minuten

Eine Portion enthält:

381 kcal (1595 kJ)
17 g Eiweiß
15 g Fett
42 g Kohlenhydrate
6 g Ballaststoffe

Zutaten für 1 Portion

1 Ei
2 Scheiben Vollkornbrot mit Sonnenblumenkernen
2 TL Halbfettmargarine
½ Kästchen Kresse
2 Kirschtomaten

Zubereitung

1 Das Ei hart kochen und abschrecken. Die Brotscheiben mit der Margarine bestreichen. Die Kresse abschneiden und grob hacken. Auf die Brote verteilen.

2 Die Kirschtomaten waschen, in Scheiben schneiden und auf die Kresse legen. Das Ei pellen, in Scheiben schneiden und rund um die Tomaten legen.

Crunch-Müsli mit frischen Aprikosen

Zubereitungszeit: ca. 15 Minuten

Eine Portion enthält:

456 kcal (1909 kJ)
10 g Eiweiß
10 g Fett
70 g Kohlenhydrate
9 g Ballaststoffe

Zutaten für 1 Portion

1 leicht gehäufter EL brauner Zucker
1 gestrichener TL Zimtpulver
4 EL blütenzarte Haferflocken
1 EL gehackte Walnüsse
3 Aprikosen
250 ml Haferdrink

Zubereitung

1 Zucker und Zimt miteinander mischen und in einem Topf karamellisieren. Sofort 1 EL Haferflocken und die Nüsse untermengen. Die Masse auf ein Stück Backpapier geben, mit einem Löffel andrücken und abkühlen lassen.

2 Die Aprikosen waschen, halbieren, entsteinen und in Streifen schneiden.

3 Die restlichen Haferflocken mit den Aprikosenstückchen und dem Walnuss-Zimt-Crunch in einem Schälchen mischen und den Haferdrink darübergeben.

TIPP

Statt Aprikosen können Sie auch Pfirsiche oder Nektarinen verwenden.

Pumpernickel mit Schnittlauchquark

Zubereitungszeit: ca. 5 Minuten

Eine Portion enthält:

267 kcal (1118 kJ)	40 g Kohlenhydrate
15 g Eiweiß	11 g Ballaststoffe
5 g Fett	

Zutaten für 2 Portionen

125 g Speisequark, Halbfettstufe (20 %)
1 EL Naturjoghurt, 3,5 % Fett
weißer Pfeffer, Salz
½ Bund Schnittlauch
4 Scheiben Pumpernickel
1 EL geschrotete Leinsamen

Zubereitung

1 Den Quark mit dem Joghurt verrühren und mit Pfeffer und Salz abschmecken. Den Schnittlauch waschen, trocken tupfen und in feine Röllchen schneiden.

2 Den Schnittlauch unter den Quark mischen, mit Leinsamen bestreuen und zusammen mit den Pumpernickeln anrichten.

Vollkornbrot mit Apfel und Quark

Zubereitungszeit: ca. 5 Minuten

Eine Portion enthält:

415 kcal (1737 kJ)	63 g Kohlenhydrate
18 g Eiweiß	7 g Ballaststoffe
8 g Fett	

Zutaten für 1 Portion

1 kleiner Apfel
2 Scheiben Vollkornbrot mit Sonnenblumenkernen
80 g Speisequark, Halbfettstufe (20 %)
2 TL flüssiger Honig

Zubereitung

1 Den Apfel waschen, vierteln, das Kerngehäuse herausschneiden und die Viertel in Spalten schneiden.

2 Die Brotscheiben mit Quark bestreichen und die Apfelspalten dachziegelartig darauf anordnen. Mit Honig beträufeln.

TIPP

Statt dem Apfel können Sie auch eine kleine Birne nehmen. Wählen Sie saftige Sorten. Auch anderes Obst wie Pfirsiche, Nektarinen oder Aprikosen sind ist geeignet.
Wer vor allem morgens gerne Toast ist, wählt am besten die Vollkornvariante.

SNACKS UND DRINKS

Obst-Joghurt-Drink

Zubereitungszeit: ca. 5 Minuten

Eine Portion enthält:

198 kcal (829 kJ)
3 g Eiweiß
2 g Fett
42 g Kohlenhydrate
2 g Ballaststoffe

Zutaten für 2 Portionen

200 ml Apfelsaft
200 ml roter Traubensaft
100 g Naturjoghurt, 3,5 % Fett
1 TL Honig
3 EL Instant-Haferflocken

Zubereitung

Apfel- und Traubensaft zusammen mit Joghurt und Honig im Mixer verquirlen. Die Haferflocken einrühren, alles kurz ziehen lassen, dann in zwei Gläser füllen.

Exotischer Fruchtcocktail

Zubereitungszeit: ca. 10 Minuten

Eine Portion enthält:

214 kcal (895 kJ)
4 g Eiweiß
2 g Fett
46 g Kohlenhydrate
6 g Ballaststoffe

Zutaten für 2 Portionen

3 Kiwis
1 mittelgroße Banane
400 ml Orangensaft
4 EL Instant-Haferflocken

Zubereitung

1 Die Kiwis schälen und in kleine Stückchen schneiden, die Banane schälen und in Scheiben schneiden.

2 Das Obst zusammen mit dem Orangensaft und den Haferflocken im Mixer fein pürieren.

3 Den Drink 30 Minuten kalt stellen, dann in zwei Gläser füllen und servieren.

TIPP

Dieser Drink eignet sich besonders gut zum Durstlöschen im Sommer. Um ihn besonders erfrischend zu machen, geben Sie jeweils zwei Eiswürfel in die Gläser.

Sommerlicher Gurkendrink

Zubereitungszeit: ca. 10 Minuten
Zeit zum Durchziehen: 1–2 Stunden

Eine Portion enthält:

166 kcal (695 kJ)
8 g Eiweiß
8 g Fett
15 g Kohlenhydrate
4 g Ballaststoffe

Zutaten für 4 Portionen

1 große Salatgurke
2–3 Stängel Staudensellerie
1–2 Frühlingszwiebeln
½ Avocado
½ Bund Petersilie
1 Limette
500 g Buttermilch
1 kleine Knoblauchzehe, gepresst
6 EL Instant-Haferflocken
weißer Pfeffer, Tabasco, Salz

Zubereitung

1 Die Salatgurke waschen, schälen und in Würfel schneiden. Den Staudensellerie und die Frühlingszwiebeln waschen, putzen und grob zerkleinern.

2 Die Avocadohälfte entsteinen und das Fruchtfleisch aushöhlen. Die Petersilie waschen, trocken schütteln und grob zerkleinern. Die Limette auspressen.

3 Alles zusammen mit der Buttermilch, dem Knoblauch und den Haferflocken in den Mixer geben und pürieren.

4 Den Drink mit Pfeffer, Tabasco und Salz abschmecken und ein bis zwei Stunden im Kühlschrank durchziehen lassen, dann auf vier Gläser verteilen und kalt servieren.

Erdbeer-Haferdrink

Zubereitungszeit: ca. 5 Minuten

Eine Portion enthält:

157 kcal (655 kJ)
2 g Eiweiß
2 g Fett
30 g Kohlenhydrate
3 g Ballaststoffe

Zutaten für 2 Portionen

250 g Erdbeeren
100 ml Orangensaft
1 EL flüssiger Honig
300 ml Haferdrink

Zubereitung

1 Die Erdbeeren waschen, die Stielansätze entfernen und die Erdbeeren in Stückchen schneiden.

2 Die Erdbeeren zusammen mit dem Orangensaft, dem Honig und dem Haferdrink im Mixer fein pürieren.

3 Den Drink in zwei Gläser füllen und servieren.

TIPP

Sie können statt Erdbeeren auch Himbeeren, Brombeeren oder Heidelbeeren verwenden. Haferdrink ist eine gute Alternative zu Milch und passt genauso gut in die laktosefreie wie in die vegane Ernährung.

Kirschjoghurt mit Leinsamen

Zubereitungszeit: ca. 5 Minuten

Eine Portion enthält:

184 kcal (770 kJ)
7 g Eiweiß
7 g Fett
23 g Kohlenhydrate
3 g Ballaststoffe

Zutaten für 2 Portionen

150 g frische Kirschen
1 EL flüssiger Honig
300 g Naturjoghurt, 3,5 % Fett
2 TL geschrotete Leinsamen

Zubereitung

1 Die Kirschen waschen, entstielen und entkernen. In kleine Stücke schneiden und in eine Schüssel geben.

2 Den Honig unter den Joghurt mischen und das Ganze unter die Kirschen mengen. Die Leinsamen darunterheben.

3 Den Joghurt auf zwei Schälchen verteilen.

TIPP

Flohsamenschalen sind geschmacksneutral und ein noch besserer Ballaststofflieferant als Leinsamen. Sie finden Sie im Reformhaus, in Drogerien oder im Biomarkt.

Kefir mit frischer Petersilie

Zubereitungszeit: ca. 5 Minuten

Eine Portion enthält:

139 kcal (582 kJ)
8 g Eiweiß
4 g Fett
18 g Kohlenhydrate
2 g Ballaststoffe

Zutaten für 2 Portionen

1 Bund Petersilie
4 EL Instant-Haferflocken
300 g fettarmer Kefir, 1,5 % Fett
weißer Pfeffer, Salz

Zubereitung

1 Die Petersilie waschen, trocken schütteln, die groben Stiele abschneiden, den Rest fein hacken. Zusammen mit den Haferflocken und dem Kefir in den Mixer geben und durchmixen.

2 Den Drink mit Pfeffer und Salz abschmecken und in zwei Gläser füllen, kalt servieren.

TIPP

Es kommt nicht nur auf die Ballaststoffe an, auch Milchsäurebakterien, wie sie in Joghurt, Dickmilch und Kefir enthalten sind, unterstützen die Darmflora und halten sie gesund.

Green Smoothie

Zubereitungszeit: ca. 10 Minuten

Eine Portion enthält:

241 kcal (1008 kJ)
6 g Eiweiß
4 g Fett
45 g Kohlenhydrate
6 g Ballaststoffe

Zutaten für 2 Portionen

1 grünschaliger Apfel (z. B. Granny Smith)
150 g Ananasstücke (Dose)
1 Stückchen Ingwer
75 g Babyspinat
2 EL Limettensaft
200 ml Haferdrink
3 EL Instant-Haferflocken

Zubereitung

1 Den Apfel waschen, vierteln, das Kerngehäuse entfernen und den Apfel in Stücke schneiden. Zusammen mit den Ananasstückchen in den Mixer geben. Den Ingwer schälen und hinzufügen.

2 Den Spinat waschen, abtropfen lassen und ebenfalls in den Mixer geben. Mit den restlichen Zutaten fein pürieren. Zum Servieren in zwei große Gläser füllen.

Vollkornbrot mit Limburger Käse

Zubereitungszeit: ca. 5 Minuten

Eine Portion enthält:

422 kcal (1766 kJ)	39 g Kohlenhydrate
34 g Eiweiß	8 g Ballaststoffe
24 g Fett	

Zutaten für 1 Portion

100 g gereifter Limburger Käse (20 % F. i. Tr.)
2 TL Halbfettmargarine
2 Radieschen
2 Scheiben Roggenvollkornbrot
einige Scheiben frische Salatgurke

Zubereitung

1 Den Limburger fein würfeln, mit einer Gabel zerdrücken, in eine Schüssel geben und die Halbfettmargarine untermischen.

2 Die Radieschen waschen, putzen, fein raspeln oder in feine Stifte schneiden und untermischen. Die Käsemischung auf den Brotscheiben verteilen und mit Gurkenscheiben belegen.

TIPP

Wer es zum Frühstück pikant mag, liegt mit dieser Variante genau richtig. Statt Limburger können Sie auch gereiften Camembert verwenden. Die Käsecreme macht sich auch auf Pumpernickelhäppchen sehr gut.

Radieschenbrot mit Kressequark

Zubereitungszeit: ca. 10 Minuten

Eine Portion enthält:

184 kcal (769 kJ)	24 g Kohlenhydrate
10 g Eiweiß	4 g Ballaststoffe
5 g Fett	

Zutaten für 2 Portionen

100 g Speisequark, Halbfettstufe (20 %)
50 g saure Sahne
weißer Pfeffer, Salz
½ Kästchen Kresse
100 g Radieschen
2 Scheiben Roggenvollkornbrot oder Sonnenblumenbrot

Zubereitung

1 Den Quark mit der sauren Sahne verrühren und mit Pfeffer und Salz würzen. Die Kresse abschneiden, fein hacken und unter den Quark mischen. Den Kressequark auf die Brote verteilen.

2 Die Radieschen waschen, putzen, in Scheiben schneiden und dachziegelartig auf die Brote legen. Die Brotscheiben halbieren und auf zwei Tellern anrichten.

TIPP

Statt Radieschen können Sie auch Rettich verwenden. Und wer mag, legt einige Blätter Babyspinat unter die Radieschen.

SUPPEN

Überbackene Zwiebelsuppe

Zubereitungszeit: ca. 30 Minuten
Ofenzeit: ca. 12 Minuten

Eine Portion enthält:

314 kcal (1312 kJ)	20 g Kohlenhydrate
12 g Eiweiß	5 g Ballaststoffe
18 g Fett	

Zutaten für 4 Portionen

600 g milde Zwiebeln
1 Knoblauchzehe
40 g Butter
120 ml trockener Weißwein
1 l Gemüsebrühe
2 EL frische Petersilie, fein gehackt
weißer Pfeffer, Salz
4 Scheiben Vollkornbaguette
60 g geraspelter Gouda
60 g geraspelter Emmentaler oder Bergkäse

Zubereitung

1 Die Zwiebeln und den Knoblauch abziehen. Die Zwiebeln in dünne Ringe schneiden, den Knoblauch fein hacken.

2 Die Butter in einem Topf zerlassen und die Zwiebeln zusammen mit dem Knoblauch darin unter Rühren glasig dünsten. Mit Wein ablöschen, aufkochen und die Brühe angießen. Das Ganze etwa 15 Minuten zugedeckt köcheln lassen.

3 Die Petersilie waschen, trocken schütteln, fein hacken und zur Suppe geben. Die Suppe mit Pfeffer und Salz abschmecken.

4 Acht kleine Baguettscheiben goldgelb rösten. Den Backofen auf 200 °C vorheizen.

5 Die Suppe auf vier hitzefeste Suppentassen verteilen, darauf jeweils zwei Baguettescheiben setzen und den Käse darüber verteilen. Auf der mittleren Einschubleiste etwa 12 Minuten überbacken.

Selleriecremesuppe

Zubereitungszeit: ca. 40 Minuten

Eine Portion enthält:

271 kcal (1133 kJ)
5 g Eiweiß
24 g Fett
8 g Kohlenhydrate
5 g Ballaststoffe

Zutaten für 4 Portionen

400 g Knollensellerie
1 Zwiebel
2 EL Olivenöl
400 ml Gemüsebrühe
200 g Sahne
200 ml Milch, 3,5 % Fett
Pfeffer, Salz
geriebene Muskatnuss
etwas Zitronensaft
3 Stängel Staudensellerie mit Grün
1 TL Butter

Zubereitung

1 Vom Sellerie die Stängel abschneiden und einige der Blättchen fein hacken. Die Knolle schälen und in Würfel schneiden.

2 Die Zwiebel abziehen und fein würfeln. Das Öl in einem Topf erhitzen, die Zwiebelwürfel, die Sellerieblättchen und Selleriewürfel darin unter gelegentlichem Wenden etwa 4 Minuten anschwitzen.

3 Mit Gemüsebrühe ablöschen und das Gemüse zugedeckt etwa 15–20 Minuten weich kochen. Sahne und Milch hinzugeben, aufkochen, dann alles mit dem Pürierstab durchmixen. Mit Pfeffer, Salz, Muskat und Zitronensaft abschmecken.

4 Den Staudensellerie waschen, putzen, die Stängel quer in Scheiben schneiden, dann in der heißen Butter andünsten. Die Blättchen grob hacken und für die Garnitur zur Seite stellen.

5 Die Suppe auf vier Teller verteilen und den Staudensellerie darauf verteilen. Mit den Staudensellerieblättchen garnieren.

Pilzcremesuppe

Zubereitungszeit: ca. 30 Minuten

Eine Portion enthält:

191 kcal (802 kJ)
10 g Eiweiß
11 g Fett
13 g Kohlenhydrate
6 g Ballaststoffe

Zutaten für 4 Portionen

250 g Champignons
250 g Pfifferlinge
3 Zwiebeln
2 EL Sonnenblumenöl
3 EL Instant-Haferflocken
500 ml Milch, 3,5 % Fett
375 ml Gemüsebrühe
weißer Pfeffer, Salz
2 Stängel frischer Thymian

Zubereitung

1 Die Pilze waschen, putzen und klein schneiden. Die Zwiebeln abziehen und klein schneiden. Das Öl in einem Topf erhitzen und die Zwiebeln darin anbraten.

2 Die Pilze dazugeben und alles etwa 5 Minuten unter Rühren dünsten. Die Hälfte der Pilze herausnehmen und beiseitestellen.

3 Die Haferflocken zu den Pilzen in den Topf geben und unter Rühren 1 Minute mitdünsten. Die Milch und die Brühe einrühren und alles im offenen Topf etwa 10 Minuten garen, dabei ab und zu umrühren.

4 Die Pilzsuppe mit dem Pürierstab im Topf cremig pürieren, mit Pfeffer und Salz kräftig abschmecken. Die restlichen Pilze untermischen.

5 Thymian waschen, trocken tupfen, die Blättchen von den Stielen zupfen und untermischen.

Klassische Kartoffelsuppe

Zubereitungszeit: ca. 40 Minuten

Eine Portion enthält:

236 kcal (989 kJ)
7 g Eiweiß
10 g Fett
29 g Kohlenhydrate
6 g Ballaststoffe

Zutaten für 4 Portionen

500 g mehligkochende Kartoffeln
200 g Karotten
100 g Knollensellerie
100 g Lauch
1 große milde Zwiebel
2 EL Olivenöl
je 1 Prise Zucker und Salz
2 EL Weißweinessig
1 l Gemüsefond (Glas)
2 EL getrockneter Majoran
geriebene Muskatnuss
frischer Dill oder Petersilie
200 g saure Sahne

Zubereitung

1 Kartoffeln, Karotten, Sellerie und Lauch waschen und putzen. Alles bis auf den Lauch schälen und würfeln. Den Lauch in feine Ringe schneiden. Die Zwiebel abziehen und klein schneiden.

2 Das Öl in einem großen Topf erhitzen und das Gemüse bei mittlerer Hitze darin andünsten. Zucker und Salz darüberstreuen, kurz karamellisieren lassen, den Essig hinzufügen und den Fond angießen.

3 Den Majoran untermischen und alles zugedeckt etwa 20 Minuten bei milder Hitze köcheln lassen, bis das Gemüse weich ist. Die Suppe im Topf fein pürieren und mit Muskat würzen.

4 Die Kräuter waschen, trocken tupfen, fein hacken und zur Suppe geben. Die saure Sahne cremig rühren und unter die Suppe mischen, auf jede Suppenportion einen Klecks saure Sahne setzen.

TIPP

Wer Fleisch isst, kann Wiener Würstchen zur Suppe geben. Entweder in Scheiben geschnitten oder ganz als Mini-Wiener. Diese Mahlzeit ist dann als Hauptgericht einzustufen, wenn dazu noch Brot gereicht wird. Bevorzugen Sie Vollkornbrot!

Lauchcremesuppe

Zubereitungszeit: ca. 40 Minuten

Eine Portion enthält:

112 kcal (469 kJ)
4 g Eiweiß
8 g Fett
7 g Kohlenhydrate
4 g Ballaststoffe

Zutaten für 4 Portionen

350 g Lauch
150 g Knollensellerie
Salz
800 ml Gemüsebrühe
100 g Sahne
weißer Pfeffer, geriebene Muskatnuss

Zubereitung

1 Den Lauch waschen, den Sellerie putzen und schälen. Das Gemüse klein schneiden und in Salzwasser etwa 20 Minuten weich kochen.

2 Das Gemüse mit einer Schaumkelle aus dem Topf nehmen. Die Gemüsebrühe entweder aus Wasser oder dem Kochwasser zubereiten. Das Gemüse in die Brühe geben und mit einem Stabmixer pürieren.

3 Die Sahne unterrühren und das Ganze einmal aufkochen lassen. Mit Pfeffer und Muskat würzen.

Rote-Bete-Suppe

Zubereitungszeit: ca. 30 Minuten

Eine Portion enthält:

119 kcal (497 kJ)
3 g Eiweiß
5 g Fett
13 g Kohlenhydrate
3 g Ballaststoffe

Zutaten für 4 Portionen

500 g Rote Bete (gekocht, eingeschweißt)
1 milde Zwiebel
1 EL Butter
2 EL Instant-Haferflocken
500 g Gemüsefond (Glas)
weißer Pfeffer, Salz
100 g saure Sahne

Zubereitung

1 Die Rote Bete klein schneiden. Die Zwiebel abziehen, fein würfeln, in der Butter andünsten, die Rote Bete dazugeben, alles in einen Topf geben und mit dem Stabmixer fein pürieren, dafür evtl. etwas Wasser untermischen.

2 Die Haferflocken und den Fond einrühren und das Ganze aufkochen. Mit Pfeffer und Salz abschmecken. Mit saurer Sahne und evtl. Kräutern verfeinern.

Französische Gemüsesuppe

Zubereitungszeit: ca. 45 Minuten

Eine Portion enthält:

203 kcal (850 kJ)	14 g Kohlenhydrate
3 g Eiweiß	4 g Ballaststoffe
11 g Fett	

Zutaten für 4 Portionen

250 g mehligkochende Kartoffeln
2 Karotten
100 g Knollensellerie mit Grün
50 g Lauch
½ milde Zwiebel
1 TL grüne Pfefferkörner
3 EL Sonnenblumenöl
800 ml Gemüsebrühe
2 EL Crème fraîche
weißer Pfeffer, Salz
1 TL Weißweinessig zum Abschmecken (nach Belieben)
getrockneter Majoran

Zubereitung

1 Das Gemüse waschen und putzen. Kartoffeln, Karotten und Sellerie schälen und in grobe Würfel schneiden. Das Selleriegrün klein schneiden. Den Lauch längs halbieren und in Streifen schneiden. Die Zwiebel abziehen und fein würfeln.

2 Das Öl in einem großen Topf erhitzen und die Zwiebel darin andünsten. Das restliche Gemüse und die Pfefferkörner hinzufügen und mitdünsten.

3 Die Hälfte der Brühe angießen und das Gemüse darin etwa 30 Minuten weich kochen. Die restliche Brühe angießen und alles nochmals aufkochen.

4 Den Topf vom Herd nehmen und das Gemüse in der Brühe mit dem Stabmixer kurz pürieren. Das Gemüse sollte noch stückig sein. Die Crème fraîche einrühren, die Suppe mit Pfeffer, Salz und evtl. Essig abschmecken und reichlich Majoran untermischen. Noch einmal aufkochen lassen.

Linseneintopf mit Klößchen

Zubereitungszeit: ca. 55 Minuten

Eine Portion enthält:

368 kcal (1541 kJ)
20 g Eiweiß
6 g Fett
60 g Kohlenhydrate
15 g Ballaststoffe

Zutaten für 4 Portionen

200 g Tellerlinsen
½ milde Zwiebel
1 EL Rapsöl
250 g Suppengrün (Karotten, Sellerie, Lauch)
1,5 l Gemüsebrühe
1 TL grüne Pfefferkörner
200 g Vollkornmehl
½ TL Backpulver
½ TL Salz
1 Ei
Mineralwasser nach Bedarf
weißer Pfeffer, Salz
1 TL getrockneter Thymian

Zubereitung

1 Die Linsen waschen und abtropfen lassen. Die Zwiebel abziehen und fein würfeln. Das Öl in einem großen Topf erhitzen und die Zwiebelwürfel darin goldbraun anbraten.

2 Das Suppengrün waschen und putzen, Karotten und Sellerie schälen, alles klein schneiden und in den Topf geben. Andünsten, die Linsen hinzufügen und die Brühe angießen. Pfefferkörner hinzugeben und alles etwa 25 Minuten zugedeckt köcheln lassen.

3 Inzwischen die Mehlklößchen zubereiten: Das Mehl mit Backpulver und Salz mischen. In die Mitte eine Mulde drücken und das Ei hineingeben. Etwas verrühren, dann so viel Mineralwasser unterrühren, bis ein zäher, straffer Teig entstanden ist, der nicht vom Löffel reißt. Den Teig mit Pfeffer und Salz würzen.

4 Mit einem Teelöffel kleine Klößchen vom Teig abstechen und in die kochende Suppe geben. Wenn sie nach oben steigen, ist der Eintopf fertig. Den Thymian untermischen und den Eintopf servieren.

Mexikanische Bohnensuppe

Zubereitungszeit: ca. 20 Minuten
Garzeit: 2 Stunden
Einweichzeit: über Nacht

Eine Portion enthält (bei 6 Portionen):

270 kcal (1150 kJ)
15 g Eiweiß
9 g Fett
32 g Kohlenhydrate
9 g Ballaststoffe

Zutaten für 4–6 Portionen

250 g getrocknete rote Kidneybohnen
4 mittelgroße milde Zwiebeln
2 Knoblauchzehen
1 l Fleischbrühe (Würfel oder Instantpulver) oder Fleischfond (Glas)
1 rote Paprika
Cayennepfeffer, Salz
2 Scheiben Vollkorntoastbrot
100 g Chester (Hartkäse, 50 % Fett i. Tr.)
2 EL Butter
Kresse zum Garnieren

Zubereitung

1 Die Bohnen über Nacht in reichlich Wasser einweichen. Am nächsten Tag abgießen und mit kaltem Wasser durchspülen.

2 Die Zwiebeln und den Knoblauch abziehen, grob zerkleinern und zusammen mit den Bohnen in einen Topf geben.

3 Die Brühe oder den Fond angießen und alles zugedeckt etwa zwei Stunden garen. Dann mit dem Pürierstab durchmixen.

4 Die Paprika waschen, putzen, in Streifen schneiden, kurz blanchieren und untermischen. Die Suppe kurz aufkochen, dann mit Cayennepfeffer und Salz abschmecken.

5 Das Toastbrot und den Käse würfeln. Das Brot in der Butter goldbraun anrösten. Die Suppe auf Teller oder Tassen verteilen, Brot und Käse daraufstreuen und die Suppe mit Kresse garnieren.

TIPP

Die Suppe eignet sich gut als Mitternachtssnack auf einer Party. Viel Zeit können Sie sparen, wenn Sie die Suppe im Schnellkochtopf zubereiten.

Karottencremesuppe

Zubereitungszeit: ca. 40 Minuten

Eine Portion enthält:

186 kcal (780 kJ)
4 g Eiweiß
13 g Fett
13 g Kohlenhydrate
7 g Ballaststoffe

Zutaten für 4 Portionen

700 g Karotten
1 Stück Knollensellerie (ca. 75 g)
1 Bund Petersilie
2 EL Sonnenblumenöl
800 ml Gemüsebrühe
100 g Sahne
Pfeffer, Salz

Zubereitung

1 Die Karotten waschen, putzen, schälen und würfeln. Den Sellerie waschen, schälen und klein schneiden. Die Petersilie waschen, trocken tupfen und fein hacken.

2 Das Öl in einem weiten Topf erhitzen, die Karotten und den Sellerie dazugeben und mitdünsten. Die Brühe angießen und das Ganze bei milder Hitze etwa 20 Minuten weich kochen.

3 Das Gemüse mit einem Stabmixer im Topf pürieren. Die Sahne und die Petersilie untermischen und die Suppe kurz aufkochen. Mit Pfeffer und Salz abschmecken.

TIPP

Die Suppe lässt sich gut auf Vorrat zubereiten und einfrieren. Dafür zum gleich Essen einen Teil abnehmen und pro Portion 2 EL Sahne unterrühren. Den Rest der Suppe einfrieren und die restliche Sahne erst nach dem Auftauen zufügen.

Schottische Graupensuppe

Zubereitungszeit: ca. 20 Minuten
Garzeit: ca. 1 ½ Stunden

Eine Portion enthält:

294 kcal (1230 kJ)	14 g Kohlenhydrate
13 g Eiweiß	10 g Ballaststoffe
21 g Fett	

Zutaten für 4 Portionen

250 g Hammelfleisch zum Kochen (Schulter oder Nacken ohne Knochen), ersatzweise Lammfleisch
1 Lorbeerblatt
1 TL Salz
2 mittelgroße milde Zwiebeln
1 Knoblauchzehe
3 Karotten
150 g Lauch
1 Stück Sellerieknolle (200 g)
½ Tasse Graupen (ca. 40 g)
weißer Pfeffer, etwas Gewürzmischung, getrockneter Thymian

Zubereitung

1 Das Fleisch kalt abspülen und zusammen mit dem Lorbeerblatt in 1,5 l kochendes Salzwasser legen. Zugedeckt bei mittlerer Hitze etwa eine Stunde garen.

2 Inzwischen das Gemüse waschen, schälen und klein schneiden. Das noch nicht fertig gegarte Fleisch aus der Brühe nehmen und in Würfel schneiden.

3 Das Gemüse und die Graupen sowie die Fleischstreifen in die Brühe geben. Thymian und etwas Gewürzmischung einrühren und alles bei mittlerer Hitze noch 30–40 Minuten zugedeckt garen.

TIPP

Dazu passt kräftiges Brot wie zum Beispiel Roggenvollkornbrot oder Sonnenblumenbrot. Auch Roggenbrötchen sind eine prima Beilage.

SALATE

Leichter Kartoffelsalat

Zubereitungszeit: ca. 40 Minuten
Zeit zum Durchziehen: 60 Minuten

Eine Portion enthält:

219 kcal (915 kJ)	31 g Kohlenhydrate
5 g Eiweiß	5 g Ballaststoffe
8 g Fett	

Zutaten für 4 Portionen

800 g festkochende Kartoffeln
1 milde Zwiebel
200 ml Gemüsebrühe
1 EL mittelscharfer Senf
3 EL Weißweinessig
3 EL Sonnenblumenöl
2 EL Schnittlauchröllchen

Zubereitung

1 Die Kartoffeln waschen und knapp mit Wasser bedeckt und im geschlossenen Topf garen.

2 Die Zwiebel abziehen, fein würfeln und in die Brühe geben. Alles kurz aufkochen, dann vom Herd nehmen.

3 Die Kartoffeln abgießen, abschrecken, pellen und abkühlen lassen. Senf, Essig und Öl in die warme Brühe rühren und diese Marinade über die Kartoffeln gießen. Den Schnittlauch in Röllchen schneiden.

4 Alles mindestens eine Stunde durchziehen lassen, nochmals gut vermengen und mit Schnittlauch bestreut servieren.

TIPP

Dazu passen ganz klassisch Frikadellen oder gebratener Fisch. Wer es vegetarisch mag, serviert dazu die Grünkernbratlinge (siehe Seite 82), das steigert die Ballaststoffzufuhr. Das Rezept kommt ohne Mayonnaise aus. Verzichten Sie Ihrem Magen und Darm zuliebe generell auf diese „Fettbombe".

Rohkostsalat

Zubereitungszeit: ca. 15 Minuten

Eine Portion enthält:

86 kcal (360 kJ)
2 g Eiweiß
5 g Fett
7 g Kohlenhydrate
5 g Ballaststoffe

Zutaten für 4 Portionen

500 g Karotten
1 Zucchini
Saft von ½ Zitrone
weißer Pfeffer, Zucker, Salz
½ TL mittelscharfer Senf
2 EL Weißweinessig
2 EL Sonnenblumenöl
2 EL Petersilie, fein gehackt

Zubereitung

1 Karotten und Zucchini waschen. Die Karotten schälen und das obere und untere Ende knapp abschneiden. Zucchini ungeschält verwenden, nur oben und unten knapp abschneiden.

2 Das Gemüse mittelgrob raspeln oder mit dem Spiralschneider schneiden und den Zitronensaft untermischen.

3 Aus Pfeffer, Zucker, Salz, Senf und Essig eine Marinade rühren. Zuletzt das Öl unterschlagen, das Dressing abschmecken und unter das Gemüse mischen. Zuletzt die Petersilie untermischen.

TIPP

Sie können zusätzlich einen geraspelten Apfel untermischen, um noch mehr Ballaststoffe in den Salat zu bringen. Die Karottenrohkost ergänzt z. B. Fleischgerichte und passt auch zu Fisch.

Sellerie-Früchte-Salat

Zubereitungszeit. ca. 30 Minuten
Zeit zum Durchziehen: ca. 30 Minuten

Eine Portion enthält:

269 kcal (1150 kJ)
4 g Eiweiß
15 g Fett
27 g Kohlenhydrate
6 g Ballaststoffe

Zutaten für 4 Portionen

1 Stück Sellerieknolle (ca. 200 g)
80 g süße Sahne
4 EL Zitronensaft
Zucker, Salz, geriebene Bio-Orangenschale
1 Grapefruit
2 Bio-Orangen
2–3 säuerliche Äpfel
2 Scheiben Ananas (Dose)
50 g Walnusskerne oder Mandeln

Zubereitung

1 Den Sellerie gut waschen, abbürsten, schälen und grob raspeln. Aus Sahne, Zitronensaft, Zucker, Salz und Orangenabrieb eine Marinade rühren und unter den Sellerie mischen.

2 Das Obst je nach Sorte waschen, putzen, schälen, entkernen und klein schneiden. Die Nüsse fein hacken. Alles unter den Sellerie mischen und den Salat für 30 Minuten kalt stellen.

Rettichrohkost

Zubereitungszeit: ca. 10 Minuten

Eine Portion enthält:

58 kcal (243 kJ)
1 g Eiweiß
5 g Fett
2 g Kohlenhydrate
3 g Ballaststoffe

Zutaten für 4 Portionen

400 g Rettich
weißer Pfeffer, etwas Zucker, Salz
2 EL Weißweinessig
2 EL Sonnenblumenöl

Zubereitung

1 Den Rettich waschen, putzen und schälen. Grob in eine Schüssel raspeln.

2 Pfeffer, Zucker und Salz untermischen und alles kurz durchziehen lassen. Dann Essig mit Öl verrühren und untermengen.

TIPP

Statt Rettich können Sie auch Radieschen verwenden. Die Radieschen sehen wegen der roten Farbe sehr schön auf kleinen Salattellern aus. Leider sind Radieschen nicht lange haltbar. Sie müssen unbedingt frisch verwendet werden, solange sie noch knackig sind. Rettich hält sich länger.

Feldsalat mit Weizenkeimen und Walnüssen

Zubereitungszeit: ca. 15 Minuten

Eine Portion enthält:

155 kcal (647 kJ)
6 g Eiweiß
12 g Fett
5 g Kohlenhydrate
4 g Ballaststoffe

Zutaten für 4 Portionen

300 g Feldsalat
1 Schalotte
4 EL Weizenkeime
4 EL Walnusskerne
weißer Pfeffer, Salz
2 EL Apfelessig
2 EL Sonnenblumenöl

Zubereitung

1 Den Feldsalat waschen, putzen und in eine Schüssel geben. Die Schalotte waschen, putzen und in feine Ringe schneiden oder fein hacken. Zum Feldsalat geben.

2 Die Weizenkeime untermischen, die Walnusskerne grob zerkleinern und untermengen. Pfeffer, Salz, Essig und Öl zu einem Dressing vermengen und unter den Salat mischen.

TIPP

Einen Teil des Feldsalats können Sie auch mit Rucola (Rauke) ersetzen. Auch geröstete Toastbrotwürfel aus Vollkorntoast zum Darüberstreuen schmecken gut.

Krautsalat

Zubereitungszeit: ca. 30 Minuten

Eine Portion enthält:

98 kcal (410 kJ)
3 g Eiweiß
5 g Fett
9 g Kohlenhydrate
6 g Ballaststoffe

Zutaten für 4 Portionen

800 g Spitzkohl
1 EL Salz
1 milde Zwiebel
weißer Pfeffer, gemahlener Kümmel, etwas Zucker nach Geschmack
2 EL Weißweinessig
2 EL Sonnenblumenöl

Zubereitung

1 Den Spitzkohl putzen, waschen, den Strunk herausschneiden und den Kohl fein hobeln. In eine Schüssel geben und das Salz darüberstreuen. Mit den Händen kräftig durchkneten, bis Saft austritt. Den Saft wegschütten.

2 Die Zwiebel abziehen, fein würfeln und zum Kohl geben. Pfeffer, Kümmel und Zucker mit Essig verrühren, das Öl untermischen und das Dressing unter das Kraut mischen.

Nizza-Salat

Zubereitungszeit: ca. 30 Minuten

Eine Portion enthält:

213 kcal (891 kJ)
15 g Eiweiß
14 g Fett
5 g Kohlenhydrate
4 g Ballaststoffe

Zutaten für 4 Portionen

1 Kopfsalat
200 g Tomaten
1 rote Paprika
1 kleine Fenchelknolle
1 milde Zwiebel
2 Eier, hart gekocht
60 g schwarze Oliven ohne Stein (Dose/Glas)
1 Dose Thunfisch in Wasser (150 g Abtropfgewicht)
weißer Pfeffer, Salz
3 EL Weißweinessig
3 EL Olivenöl

Zubereitung

1 Den Salat waschen, trocken schleudern. In eine Schüssel geben und zerpflücken. Die Tomaten waschen, in Scheiben schneiden und dazugeben. Die Paprika waschen, putzen, Kerne entfernen und das Fruchtfleisch in feine Streifen schneiden.

2 Den Fenchel waschen, putzen und in Scheiben schneiden. Die Zwiebel abziehen und in feine Ringe schneiden. Das Gemüse unter den Salat mischen und den Salat auf vier Teller verteilen.

3 Die Eier pellen, in Viertel schneiden und auf dem Salat anrichten. Den Thunfisch abtropfen lassen, in Stücke pflücken und auf dem Salat verteilen. Pfeffer, Salz, Essig und Öl zu einem Dressing verrühren und über den Salat träufeln.

Grüne-Bohnen-Salat

Zubereitungszeit: ca. 30 Minuten

Eine Portion enthält:

134 kcal (559 kJ)
4 g Eiweiß
8 g Fett
11 g Kohlenhydrate
4 g Ballaststoffe

Zutaten für 4 Portionen

800 g grüne Bohnen
1 große milde Zwiebel
1 Knoblauchzehe
1 TL Zucker
weißer Pfeffer, Salz
3 EL Weißweinessig
3 EL Sonnenblumenöl
2 EL frisches Bohnenkraut, fein gehackt
1 EL frischer Dill, fein gehackt

Zubereitung

1 Die Bohnen waschen, putzen und in 3 cm lange Stücke schneiden. In reichlich kochendes Salzwasser geben und bissfest garen. Gekochte Bohnen auf ein Sieb geben und erkalten lassen.

2 Zwiebeln und Knoblauch abziehen. Die Zwiebeln fein würfeln, in eine Schüssel geben und den Knoblauch durch eine Presse dazudrücken. Zucker, Pfeffer, Salz, Essig und Öl dazugeben und alles zu einem Dressing verrühren.

3 Bohnenkraut und Dill waschen, trocken tupfen, fein hacken und zum Dressing geben. Die Bohnen untermischen.

Mais-Paprika-Salat

Zubereitungszeit: ca. 15 Minuten

Eine Portion enthält:

143 kcal (598 kJ)
3 g Eiweiß
6 g Fett
18 g Kohlenhydrate
4 g Ballaststoffe

Zutaten für 4 Portionen

300 g Gemüsemais (Dose/Glas)
2 rote Paprika
2 EL Petersilie, fein gehackt
weißer Pfeffer, Salz
2 EL Weißweinessig
2 EL Olivenöl

Zubereitung

1 Den Mais abtropfen lassen und in eine Schüssel geben. Die Paprika waschen, putzen und in kleine Würfel schneiden. Unter den Mais mischen. Petersilie hinzufügen.

2 Aus den restlichen Zutaten ein Dressing rühren und unter den Salat mischen.

Bunt gewürfelter Salat

Zubereitungszeit: ca. 20 Minuten

Eine Portion enthält:

182 kcal (761 kJ)
4 g Eiweiß
10 g Fett
18 g Kohlenhydrate
4 g Ballaststoffe

Zutaten für 4 Portionen

330 g Gemüsemais (Dose/Glas)
1 große rote Paprika
1 Zucchini
1 TL süßer Senf
3 EL Weißweinessig
1 TL Zucker
weißer Pfeffer, Salz
4 EL Petersilie, fein gehackt
3 EL Sonnenblumenöl

Zubereitung

1 Den Mais abtropfen lassen und in eine Schüssel geben. Die Paprika und die Zucchini waschen, putzen und fein würfeln. Zum Mais geben.

2 Die übrigen Zutaten zu einem Dressing verrühren und unter das Gemüse mischen. Kurz durchziehen lassen.

Wildreissalat

Zubereitungszeit: ca. 30 Minuten

Eine Portion enthält:

190 kcal (796 kJ)
4 g Eiweiß
10 g Fett
19 g Kohlenhydrate
4 g Ballaststoffe

Zutaten für 4 Portionen

80 g Wildreismischung
2 EL geschrotete Leinsamen
Salz
3 kleine Paprika (rot, gelb und grün)
1 kleine Zucchini
1 große milde Zwiebel
weißer Pfeffer
3 EL Weißweinessig
1 TL Zucker
3 EL Sonnenblumenöl
2 EL Petersilie, fein gehackt

Zubereitung

1 Den Reis zusammen mit den Leinsamen in kochendes Salzwasser geben und nach Packungsanleitung garen.

2 Inzwischen die Paprika und die Zucchini waschen, putzen und fein würfeln. Die Zwiebel abziehen und fein würfeln. Beides zusammen mit Pfeffer, Salz, Essig, Zucker und Öl in eine Schüssel geben und vermengen.

3 Alles unter den fertigen Reis mischen, mit Petersilie bestreuen und servieren.

Nudel-Bohnen-Salat

Zubereitungszeit: ca. 40 Minuten

Eine Portion enthält (bei 4 Portionen):

397 kcal (1660 kJ)
24 g Eiweiß
11 g Fett
49 g Kohlenhydrate
10 g Ballaststoffe

Zutaten für 4–6 Portionen

250 g Vollkornnudeln (z. B. Spiralen, Hörnchen, Schmetterlinge)
Salz
3 kleine Paprika (rot, gelb und grün)
200 g Salatgurke
100 g Kidneybohnen (Dose/Glas)
1 milde Zwiebel
150 g gekochter Schinken (ohne Fettrand) oder Bierschinken
100 g Salatcreme (Glas)
50 g Naturjoghurt, 1,8 % Fett
2 EL geschrotete Leinsamen
weißer Pfeffer, Salz
frische Kräuter, fein gehackt (Petersilie, Schnittlauch, Dill, Kresse)

Zubereitung

1 Die Nudeln in reichlich Salzwasser nach Packungsanweisung bissfest garen, abgießen, abschrecken, abtropfen lassen und in eine Schüssel geben.

2 Die Paprika waschen, putzen, fein würfeln und zu den Nudeln geben. Die Gurke waschen, schälen, fein würfeln und hinzufügen. Die Bohnen abtropfen lassen, mit kaltem Wasser durchspülen und dazugeben.

3 Die Zwiebel abziehen, fein würfeln und hinzufügen. Den Schinken oder die Wurst in 2 cm lange Streifen schneiden und dazugeben. Alles locker vermengen.

4 Die Salatcreme mit Joghurt verrühren, Leinsamen untermischen, das Ganze mit Pfeffer und Salz abschmecken, die Kräuter untermischen und die Soße unter die Salatmischung mengen.

Rustikaler Nudelsalat

Zubereitungszeit: ca. 30 Minuten

Eine Portion enthält:

394 kcal (1647 kJ)
24 g Eiweiß
16 g Fett
40 g Kohlenhydrate
6 g Ballaststoffe

Zutaten für 4 Portionen

200 g Vollkornnudeln (z. B. Hörnchen, Spiralen, Schmetterlinge)
Salz
100 g gekochter Schinken in Scheiben
100 g Emmentaler in Scheiben
1 rote Paprika
100 g Gemüsemais (Dose/Glas)
100 g Gewürzgurken
1 Zwiebel
2 EL Weißweinessig
1 Msp. Zucker
2 EL Sonnenblumenöl
weißer Pfeffer
frische Kräuter, fein gehackt (z. B. Petersilie, Schnittlauch)

Zubereitung

1 Die Nudeln in reichlich Salzwasser bissfest garen, abgießen, abschrecken, abtropfen lassen und in eine Schüssel geben.

2 Inzwischen den Schinken und den Käse in feine Streifen schneiden und dazugeben. Die Paprika waschen, putzen, fein würfeln und dazugeben.

3 Den Mais hinzufügen. Die Gurken fein würfeln und untermischen. Die Zwiebel abziehen, fein würfeln und ebenfalls dazugeben.

4 Die Nudeln zu den anderen Zutaten in die Schüssel geben und alles gut vermengen. Für das Dressing den Essig mit den restlichen Zutaten verrühren und unter den Salat mischen.

HAUPTGERICHTE

VEGETARISCHE GERICHTE

Linsenbällchen mit Kokossoße

Zubereitungszeit: ca. 50 Minuten

Eine Portion enthält:

380 kcal (1591 kJ)
27 g Eiweiß
16 g Fett
33 g Kohlenhydrate
6 g Ballaststoffe

Zutaten für 4 Portionen

1 große milde Zwiebel
1 Knoblauchzehe
3 EL Sonnenblumenöl
150 g rote Linsen
3 schwach gehäufte TL gekörnte Gemüsebouillon (aus dem Glas)
6 EL zarte Haferflocken
3 TL Vollkornmehl
200 ml Kokosmilch light (12 % Fett)
1 TL Currypulver
½ TL Kurkumagewürz

TIPP

Dazu passen eine Wildreismischung und Salat.

Zubereitung

1 Die Zwiebel und den Knoblauch abziehen und fein hacken. In 1 EL Öl andünsten.

2 Die Linsen und 1 TL gekörnte Gemüsebouillon dazugeben und kurz mitdünsten. 250 ml Wasser angießen. Das Ganze aufkochen und zugedeckt bei schwacher Hitze 10–15 Minuten garen. Ab und zu umrühren, bis die Flüssigkeit verdampft ist.

3 Die Mischung in eine Schüssel geben und abkühlen lassen. Dann die Haferflocken unterrühren und alles 10 Minuten quellen lassen.

4 Aus dem gequollenen Teig 24 Bällchen formen. In einer Pfanne in 1 EL Öl rundherum etwa 8 Minuten anbraten, herausnehmen und warm stellen.

5 Für die Soße das restliche Öl in die Pfanne geben. Das Mehl darin anschwitzen. Unter ständigem Rühren 300 ml Wasser, die Kokosmilch und die restliche Gemüsebouillon sowie die Gewürze einrühren und das Ganze kurz aufkochen.

6 Die Linsenbällchen auf vier Teller verteilen und mit der Soße anrichten.

Kartoffelpuffer mit Kräuterdip

Zubereitungszeit: ca. 45 Minuten

Eine Portion enthält:

628 kcal (2628 kJ)
18 g Eiweiß
29 g Fett
71 g Kohlenhydrate
11 g Ballaststoffe

Zutaten für 4 Portionen

Für den Kartoffelteig
1,5 kg vorwiegend festkochende Kartoffeln
1 große milde Zwiebel
1 Ei
70 g Vollkornmehl
weißer Pfeffer, Salz
5 EL Rapsöl

Für den Kräuterdip
200 g Speisequark (20 % Fett i. Tr.)
200 g saure Sahne
2 EL Zitronensaft
4 EL frische Kräuter, fein gehackt (Petersilie, Schnittlauch, Dill)
weißer Pfeffer, Salz

Zubereitung

1 Die Kartoffeln waschen, schälen und grob reiben. Auf ein Tuch geben und abtropfen lassen, leicht ausdrücken.

2 Die Zwiebel abziehen und fein hacken, mit den Kartoffeln in eine Schüssel geben. Das Ei hinzufügen und alles gut vermengen. Mehl, Pfeffer und Salz unterrühren.

3 Etwas Öl in einer beschichteten Pfanne erhitzen und nacheinander die Kartoffelmasse esslöffelweise zu Puffern von beiden Seiten goldbraun ausbacken. Zwischendurch immer wieder etwas Öl in die Pfanne geben. Die Puffer auf Küchenpapier abtropfen lassen und warm stellen.

4 Für den Dip den Quark mit der sauren Sahne und dem Zitronensaft glatt rühren, die Kräuter untermischen und das Ganze mit Pfeffer und Salz abschmecken. Den Dip zusammen mit den Kartoffelpuffern servieren.

Grünkernbratlinge

Zubereitungszeit: ca. 35 Minuten
Ofenzeit: ca. 30–40 Minuten

Eine Portion enthält:

337 kcal (1412 kJ)	41 g Kohlenhydrate
10 g Eiweiß	6 g Ballaststoffe
15 g Fett	

Zutaten für 4 Portionen

250 g Grünkernschrot (Dinkelschrot)
Salz
etwas Gemüsebrühe
1 EL Butter
1 große milde Zwiebel
2 EL Petersilie, fein gehackt
1 Ei
1 EL Rapsöl

Zubereitung

1 Aus Grünkernschrot, 500 ml Wasser, Salz und etwas Brühe einen dicken Brei kochen, evtl. Wasser zugießen. 30–40 Minuten im vorgewärmten Backofen bei 50 °C gut ausquellen lassen.

2 Die Butter erhitzen, die Zwiebel abziehen und fein hacken. Zusammen mit der Petersilie in der Butter andünsten, dann zum Grünkernbrei geben. Das Ei hinzufügen und alles zu einer glatten Masse vermengen. Abkühlen lassen.

3 Aus der Masse mit nassen Händen Bratlinge formen. Öl in einer beschichteten Pfanne erhitzen und die Bratlinge nacheinander von beiden Seiten darin ausbacken. Auf Küchenpapier abtropfen lassen, warm servieren.

TIPP

Dazu passen Spinat oder frischer Salat, z. B. Feldsalat mit Weizenkeimen (siehe Seite 72). Wer mag, reicht dazu einen milden Joghurtdip oder eine kalte Tomatensoße.

Couscousbratlinge

Zubereitungszeit: ca. 35 Minuten

Eine Portion enthält:

509 kcal (2129 kJ)
18 g Eiweiß
20 g Fett
60 g Kohlenhydrate
7 g Ballaststoffe

Zutaten für 2 Portionen (10 Bratlinge)

150 g Vollkorncouscous
1 EL geschrotete Leinsamen
130 ml Gemüsefond
1 kleine milde Zwiebel
2 Eier
2 EL Petersilie, fein gehackt
Pfeffer aus der Mühle, Salz
1 TL Kräuter der Provence
Semmelbrösel zum Formen

Zubereitung

1 Couscous und Leinsamen in eine Schüssel geben, den Fond untermischen und alles 5 Minuten quellen lassen.

2 Die Zwiebel abziehen, fein hacken und zusammen mit den Eiern, den Kräutern und Gewürzen untermischen. So viele Semmelbrösel untermengen, bis ein formbarer Teig entsteht.

3 Aus dem Teig zehn Bratlinge formen und in heißem Öl von beiden Seiten knusprig ausbacken.

Gemüserösti

Zubereitungszeit: ca. 40 Minuten

Eine Portion enthält:

257 kcal (1076 kJ)
5 g Eiweiß
11 g Fett
33 g Kohlenhydrate
7 g Ballaststoffe

Zutaten für 4 Portionen

800 g festkochende Kartoffeln
3 Karotten
1 kleine Zucchini
1 große milde Zwiebel
weißer Pfeffer, Salz
4 EL Sonnenblumenöl

Zubereitung

1 Kartoffeln, Karotten und Zucchini waschen, schälen und grob raspeln. Die Zwiebel abziehen, fein hacken und alles mischen. Mit Pfeffer und Salz würzen.

2 In einer großen beschichteten Pfanne das Öl erhitzen und die Gemüsemischung darin anbraten. Zwischendurch wenden.

TIPP

Dazu passen Salat und eine Creme aus saurer Sahne und frischen Kräutern.

Linsenbratlinge

Zubereitungszeit: ca. 50 Minuten

Eine Portion enthält:

430 kcal (1800 kJ)	35 g Kohlenhydrate
21 g Eiweiß	10 g Ballaststoffe
17 g Fett	

Zutaten für 4 Portionen (20 Bratlinge)

250 g rote Linsen
1 Karotte
1 milde Zwiebel
1 Knoblauchzehe
1 Bund glatte Petersilie
1 TL Kurkuma
1 TL Paprikapulver edelsüß
1 Msp. Kreuzkümmel
1 Msp. Zimt
1 Msp. Koriander
weißer Pfeffer, Salz
2 Eier
80 g Semmelbrösel
5 EL Rapsöl

Zubereitung

1 Die Linsen in einem Sieb abspülen und in einem Topf mit Wasser bedeckt aufsetzen. Dann nach Packungsanweisung köcheln lassen, bis sie al dente sind. In einem Sieb abgießen und etwas auskühlen lassen.

2 Inzwischen die Karotten waschen, putzen, schälen und grob raspeln. Die Zwiebel und den Knoblauch abziehen. Die Zwiebel grob raspeln und zusammen mit den Karotten und den Linsen in eine große Schüssel geben.

3 Den Knoblauch durch eine Presse dazudrücken. Die Petersilie waschen, trocken schütteln, fein hacken und zusammen mit den Gewürzen dazugeben.

4 Eier und Semmelbrösel hinzugeben und alles mit den Händen zu einem glatten Teig verkneten. Daraus kleine Bratlinge formen und diese im heißen Öl bei mittlerer Temperatur von beiden Seiten etwa 10 Minuten goldbraun braten.

TIPP

Dazu passt ein Dip aus saurer Sahne und Kräutern sowie Salat.

Kidneybohnen-Frikadellen mit Joghurtdip

Zubereitungszeit: ca. 40 Minuten

Eine Portion enthält:

503 kcal (2106 kJ)
18 g Eiweiß
30 g Fett
35 g Kohlenhydrate
13 g Ballaststoffe

Zutaten für 4 Portionen

1 rote Zwiebel
1 Knoblauchzehe
1 Karotte
4 EL Olivenöl
1 EL Tomatenmark
5 EL zarte Haferflocken
60 g Walnusskerne, gehackt
1 Bund Petersilie, fein gehackt
500 g Kidneybohnen (Dose/Glas)
weißer Pfeffer, Salz
je ½ TL Paprikapulver edelsüß, Kreuzkümmel
150 g Zucchini
einige Zweige frischer Majoran
1 EL Zitronensaft
300 g griechischer Joghurt, 10 % Fett
Pfeffer, Salz

TIPP

Statt Haferflocken können Sie auch Hafermehl verwenden. Dazu passt Blattsalat.

Zubereitung

1 Zwiebel und Knoblauch abziehen und sehr fein schneiden. Karotte waschen, putzen, schälen und fein raspeln. 2 EL Öl in einer beschichteten Pfanne erhitzen und diese Zutaten darin etwa 3 Minuten bei mittlerer Hitze andünsten. Das Tomatenmark untermischen und kurz mitdünsten.

2 Die Haferflocken mit 2 EL Wasser in einer Schüssel mischen. Die Walnusskerne und die Petersilie hinzugeben. Die Kidneybohnen abgießen, gut durchspülen und mit einer Gabel zerdrücken. Zu den eingeweichten Haferflocken geben und alles gut vermengen. Mit Pfeffer, Paprika, Kreuzkümmel und Salz würzen und den Teig kräftig durchkneten. Daraus 12 kleine Frikadellen formen.

3 Das Öl in einer beschichteten Pfanne erhitzen und die Frikadellen darin bei mittlerer Hitze von beiden Seiten jeweils 3 Minuten anbraten. In eine Auflaufform geben und im vorgeheizten Backofen bei 200 °C etwa 10 Minuten fertig backen.

4 Inzwischen Zucchini waschen, putzen und fein raspeln. Majoran waschen, trocken tupfen und fein hacken. Beides zusammen mit Zitronensaft unter den Joghurt mischen, mit Pfeffer und Salz abschmecken und zu den Frikadellen servieren.

Dinkelspätzle mit Pilzen

Zubereitungszeit: ca. 45 Minuten

Eine Portion enthält:

609 kcal (2549 kJ)
26 g Eiweiß
14 g Fett
91 g Kohlenhydrate
7 g Ballaststoffe

Zutaten für 4 Portionen

Für die Spätzle
500 g Dinkelmehl (Type 630)
3 TL Salz
4 Eier

Für die Pilzsoße
400 g Champignons
2 Frühlingszwiebeln
1 EL Butter
4 EL frische Petersilie, fein gehackt
20 g Sahne
200 ml Gemüsebrühe
2 EL Instant-Haferflocken

Außerdem
Holzbrett oder Spätzlehobel

Zubereitung

1 Das Dinkelmehl in eine Schüssel geben, mit dem Salz mischen und die Eier hinzufügen. Mit einem Kochlöffel verrühren, nach und nach 250 ml Wasser unterrühren, bis ein glatter Teig entstanden ist, der nicht vom Kochlöffel reißt.

2 Wasser mit Salz zum Kochen bringen. Ein Holzbrett oder einen Spätzlehobel bereithalten. Entweder den Spätzleteig portionsweise mit einem großen Messer vom angefeuchteten Brett oder mit dem Spätzlehobel ins kochende Salzwasser schaben.

3 Aufkochen und aufsteigen lassen, dann mit einem Schaumlöffel herausnehmen und in kaltem Wasser abschrecken. Gut abtropfen lassen und warm stellen.

4 Pilze und Frühlingszwiebeln waschen, putzen und in Scheiben schneiden. Die Butter in einem weiten Topf erhitzen und die Pilze zusammen mit dem Frühlingszwiebeln darin andünsten.

5 Die Petersilie waschen, trocken schütteln und fein hacken. Zur Pilzmischung geben und kurz mitdünsten. Mit Sahne ablöschen, die Gemüsebrühe angießen.

6 Die Haferflocken unterrühren und alles kurz durchköcheln lassen. Die Spätzle zusammen mit dem Pilzgemüse anrichten.

Lauch-Brokkoli-Gemüse mit Joghurtdip

Zubereitungszeit: ca. 30 Minuten

Eine Portion enthält:

117 kcal (490 kJ)
17 g Eiweiß
2 g Fett
15 g Kohlenhydrate
8 g Ballaststoffe

Zutaten für 4 Portionen

600 g Lauch
600 g Brokkoli
400 ml Gemüsebrühe
150 g Naturjoghurt, 1,5 % Fett
4 TL Ajvar (Würzsoße aus Paprika und Auberginen)
geriebene Muskatnuss
Pfeffer, Salz

Zubereitung

1 Das Gemüse waschen und putzen. Den Lauch in Scheiben schneiden, den Brokkoli in Röschen teilen. Die Brühe zum Kochen bringen und das Gemüse darin in etwa 10 Minuten bissfest garen.

2 Den Knoblauch abziehen, durch eine Presse in den Joghurt drücken. Ajvar einrühren und den Dip mit Muskat, Pfeffer und Salz würzen.

3 Das Gemüse mit einer Schaumkelle aus der Brühe heben, abtropfen lassen und auf einer Platte anrichten. Dazu den Dip servieren.

TIPP

Dazu passen Vollkornbaguette oder als nichtvegetarische Variante auch Fisch (siehe ab Seite 134).

Wokgemüse mit Tofu

Zubereitungszeit: ca. 50 Minuten

Eine Portion enthält:

534 kcal (2235 kJ)
24 g Eiweiß
19 g Fett
64 g Kohlenhydrate
7 g Ballaststoffe

Zutaten für 4 Portionen

250 g Langkornreis
100 g Champignons
1 große Karotte
100 g Lauch
1 rote Paprika
4 Chilischoten
2 rote Zwiebeln
100 g Spitz- oder Chinakohl
100 g Sojasprossen (Dose/Glas)
150 g Tofu
100 g Zuckerschoten
1 walnussgroßes Stück Ingwer
4 EL Sesamöl
4 EL Sojasoße
weißer Pfeffer, Salz
½ TL Chinagewürzmischung
150 ml Gemüsebrühe
1–2 TL Speisestärke

Zubereitung

1 Den Reis nach Packungsanweisung kochen. Inzwischen das Gemüse waschen und putzen: die Champignons vierteln, die Karotten in Stifte und den Lauch in schmale Ringe schneiden. Die Paprika und die Chilischoten in feine Streifen schneiden.

2 Die Zwiebeln abziehen und fein würfeln. Die Kohlblätter in mundgerechte Stücke schneiden. Die Sojasprossen abtropfen lassen. Den Tofu in Würfel schneiden. Den Ingwer schälen und fein hacken.

3 Das Öl in einem Wok erhitzen und Champignons, Karotten, Lauch, Paprika, Chili und Zwiebeln unter vorsichtigem Umrühren darin andünsten.

4 Nach 5 Minuten Zuckerschoten, Sojasprossen, Kohl, Ingwer und Tofu hinzugeben. Sojasoße hinzugeben, mit Pfeffer, Salz und Chinagewürz würzen. Die Brühe angießen und alles aufkochen lassen.

5 Die Stärke mit etwas Wasser verrühren und die Soße damit binden. Aufkochen, abschmecken und falls nötig nachwürzen. Das Gemüse mit dem Reis servieren.

Gemüsetaler auf Spinatsalat

Zubereitungszeit: ca. 30 Minuten

Eine Portion enthält:

333 kcal (1394 kJ)
9 g Eiweiß
23 g Fett
22 g Kohlenhydrate
5 g Ballaststoffe

Zutaten für 4 Portionen

Für die Gemüsetaler

50 g rote Linsen
1 große Rote Bete
1 kleiner Apfel
4 Frühlingszwiebeln
1 Ei
40 g Dinkelmehl Type 630
30 g Margarine
je ½ TL Kreuzkümmel und Paprikapulver edelsüß
Pfeffer aus der Mühle, Salz
1 EL Rapsöl

Für den Salat

100 g Babyspinat (oder andere Blattsalate, z. B. Rucola, Pflücksalat, Lollo rosso)
1 Schalotte
2 EL Sonnenblumenkerne
1 EL Weißweinessig
3 EL Rapsöl
1 TL Senf
weißer Pfeffer, Salz

Zubereitung

1 Die Linsen in 150 ml Wasser etwa 10 Minuten garen. Abtropfen und abkühlen lassen.

2 Die Rote Bete und den Apfel waschen. Die Rote Bete schälen, den Apfel vierteln, das Kerngehäuse entfernen. Apfel und Rote Bete fein raspeln.

3 Die Frühlingszwiebeln waschen, putzen und fein hacken. Zu den Gemüseraspeln geben. Ei, Dinkelmehl, Margarine sowie Gewürze, Pfeffer und Salz untermengen. Die Masse zu 12 flachen Talern formen.

4 Wenn die Taler gegrillt werden, mit etwas Öl bestreichen. Für das Braten in der Pfanne das Öl erhitzen. Die Taler auf dem Grill oder in der Pfanne von beiden Seiten braten.

5 Den Salat waschen, putzen, die Schalotte abziehen und fein würfeln. Die Sonnenblumenkerne ohne Fett in einer beschichteten Pfanne anrösten.

6 Essig mit Öl, Senf, Pfeffer und Salz verrühren. Unter den Salat mischen und den Salat auf vier Teller verteilen. Die Sonnenblumenkerne daraufstreuen und die Gemüsetaler darauf anrichten.

Rosenkohl-Hafer-Gratin mit Dip

Zubereitungszeit: ca. 30 Minuten
Backzeit: ca. 30 Minuten

Eine Portion enthält:

566 kcal (2369 kJ)
31 g Eiweiß
32 g Fett
38 g Kohlenhydrate
8 g Ballaststoffe

Zutaten für 4 Portionen

Für das Gratin

Fett für die Form
500 g Rosenkohl
3 Eier
250 ml Milch, 3,5 % Fett
5 EL Olivenöl
50 g Vollkornmehl
4 EL zarte Haferflocken
2 EL Haferkleie
1 Msp. Backpulver
weißer Pfeffer, Salz
75 g geriebener Parmesan

Für den Dip

250 g Magerquark
1 Schuss kohlensäurehaltiges Mineralwasser
2 EL Basilikumpesto (Glas)

Zubereitung

1 Den Backofen auf 180 °C (Umluft 160 °C) vorheizen und eine runde, flache Auflaufform einfetten. Den Rosenkohl waschen, putzen und die Röschen halbieren.

2 Eier, Milch und Öl in eine Schüssel geben, mit einem Schneebesen verquirlen. In einer zweiten Schüssel Mehl, Haferflocken, Haferkleie, Backpulver, Pfeffer, Salz und zwei Drittel des Käses vermengen.

3 Die Mehlmischung nach und nach unter die Eiermischung rühren, bis ein glatter Teig entsteht. Den Teig in die Form füllen, den Rosenkohl darauf verteilen und auf der mittleren Einschubleiste etwa 30 Minuten backen.

4 Inzwischen für den Dip den Quark mit Wasser und Pesto verrühren, mit Pfeffer und Salz abschmecken.

5 Das Gratin aus dem Ofen nehmen, mit dem restlichen Parmesan bestreuen und zusammen mit dem Dip servieren.

Frühlingsquiche

Zubereitungszeit: ca. 35 Minuten
Backzeit: ca. 40–45 Minuten

Eine Portion enthält:

604 kcal (2529 kJ)
15 g Eiweiß
42 g Fett
39 g Kohlenhydrate
10 g Ballaststoffe

Zutaten für 4 Portionen

Für den Teig
200 g Weizenvollkornmehl
100 g kalte Butter
1 Ei
2 EL kohlensäurehaltiges Mineralwasser
Salz
Mehl zum Ausrollen
Fett und Mehl für die Form

Für den Belag
250 g Frühlingszwiebeln
200 g Karotten
2 Eier
250 g Schmand
weißer Pfeffer aus der Mühle, Salz
geriebene Muskatnuss
80 g Tafelmeerrettich (Glas)
½ Kästchen Kresse

Zubereitung

1 Das Mehl in eine Schüssel geben, die Butter hineinschneiden, das Mineralwasser sowie etwas Salz hinzugeben und die Zutaten zunächst mit den Knethaken des Handrührgeräts auf niedrigster Stufe zerbröseln. Dann mit den Händen zu einem glatten Teig verkneten. Den Teig zugedeckt im Kühlschrank etwa 30 Minuten ruhen lassen.

2 Inzwischen für den Belag die Frühlingszwiebeln und die Karotten waschen, putzen und in Streifen oder Scheiben schneiden.

3 Die Eier mit dem Schmand verrühren, mit Pfeffer, Salz und Muskat würzen und den Meerrettich unterrühren.

4 Den Teig nochmals durchkneten, dann auf einer bemehlten Arbeitsfläche zu einem Rechteck (38 x 23 cm) ausrollen und auf ein gefettetes Blech legen. Den Backofen auf 200 °C vorheizen.

5 Die Schmandmasse auf den Teigboden geben und das Gemüse gleichmäßig darauf verteilen. Die Quiche auf der mittleren Einschubleiste 40–45 Minuten backen, bis der Guss fest geworden ist. Vor dem Servieren mit Kresse bestreuen.

Ofenkartoffeln mit Sour Cream

Zubereitungszeit: ca. 20 Minuten
Backzeit: ca. 60 Minuten

Eine Portion enthält:

323 kcal (1351 kJ)
14 g Eiweiß
10 g Fett
41 g Kohlenhydrate
5 g Ballaststoffe

Zutaten für 4 Portionen

1 kg große vorwiegend festkochende Kartoffeln
2 EL Rapsöl
Salz
1 Bund Schnittlauch
200 g saure Sahne
250 g Magerquark
weißer Pfeffer, Salz
1 Knoblauchzehe

Zubereitung

1 Den Backofen auf 200 °C vorheizen und ein Backblech mit Backpapier auslegen.

2 Die Kartoffeln waschen, abbürsten, gut trocken tupfen und rundherum mit einer Gabel einstechen. Von allen Seiten mit Öl und Salz einreiben und auf das Blech legen. Auf der mittleren Einschubleiste etwa 60 Minuten garen.

3 Inzwischen den Schnittlauch waschen, trocken tupfen und in feine Röllchen schneiden. Die saure Sahne zusammen mit dem Quark glatt rühren, Schnittlauch untermischen und alles mit Pfeffer und Salz würzen. Den Knoblauch abziehen und durch eine Presse dazudrücken. Alles gut vermengen.

4 Die Kartoffeln aus dem Ofen nehmen, längs einschneiden und mit der Sour Cream füllen. Auf vier Teller verteilen.

TIPP

Dazu passen Gegrilltes und Salat. Wenn es sich um neue Kartoffeln handelt und sie gut abgebürstet sind, können Sie die Schale mitessen, das steigert den Ballaststoffgehalt.

Tagliatelle in Pilzrahmsoße

Zubereitungszeit: ca. 40 Minuten

Eine Portion enthält:

516 kcal (2161 kJ)
23 g Eiweiß
17 g Fett
67 g Kohlenhydrate
11 g Ballaststoffe

Zutaten für 4 Portionen

600 g gemischte frische Pilze (z. B. Austernpilze, Champignons, Pfifferlinge, Steinpilze)
5 Schalotten
1 Knoblauchzehe
2 EL Olivenöl
1 EL frische Thymianblättchen
weißer Pfeffer, Salz
200 g Sojacreme
100 ml Weißwein
200 ml Gemüsebrühe
120 g Frischkäse
400 g Vollkorntagliatelle
½ Bund Petersilie

Zubereitung

1 Die Pilze waschen, putzen und in Scheiben schneiden. Die Schalotten und den Knoblauch abziehen und fein hacken.

2 In einem Topf 1 EL Öl erhitzen und die Pilze darin 5 Minuten scharf anbraten, dann herausnehmen und beiseitestellen. Das restliche Öl in den Topf geben und Schalotte, Knoblauch und Thymian darin andünsten. Mit Pfeffer und Salz würzen.

3 Mit Sojacreme, Wein und Brühe ablöschen, den Frischkäse einrühren und alles bei milder Hitze zugedeckt etwa 15 Minuten köcheln lassen.

4 Inzwischen die Tagliatelle in reichlich Salzwasser bissfest garen. Die Petersilie waschen, trocken tupfen und fein hacken.

5 Die Pilze zur Soße geben und nochmals erhitzen. Das Ganze mit Pfeffer, Muskat und Salz würzen und mit Petersilie bestreuen.

Wildreisrisotto mit frischen Pilzen

Zubereitungszeit: ca. 50 Minuten

Eine Portion enthält:

416 kcal (1742 kJ)
14 g Eiweiß
15 g Fett
49 g Kohlenhydrate
5 g Ballaststoffe

Zutaten für 4 Portionen

500 g frische Pilze (z. B. Kräutersaitlinge, Steinpilze, Champignons, Pfifferlinge)
1 milde Zwiebel
1 Knoblauchzehe
50 g Butter
1 Bund frische Petersilie, fein gehackt
weißer Pfeffer, Salz
100 g Wildreis
150 g Risottoreis
1 l heiße Fleischbrühe
100 g trockener Weißwein
einige Zweige frischer Majoran
2 EL geriebener Parmesan oder Pecorino

Zubereitung

1 Die Pilze waschen, putzen und in dünne Scheiben schneiden. Die Zwiebeln und den Knoblauch abziehen und fein würfeln. Alles in der Butter anbraten.

2 Die Petersilie waschen, trocken schütteln, fein hacken und untermischen. Das Ganze mit Pfeffer und Salz würzen.

3 Wildreis und Risottoreis nach Packungsvorschrift in der Brühe garen. Wein und Majoran dazugeben. Nach dem Garen die Majoranzweige herausnehmen.

4 Wenn die Flüssigkeit ganz aufgesogen ist, die Pilze zur Reismischung geben und den Käse untermischen.

TIPP

Zum Risotto passt zum Beispiel Rucolsalat mit Kirschtomaten.

Oliven-Tomaten-Pasta

Zubereitungszeit: ca. 20 Minuten

Eine Portion enthält:

585 kcal (2449)
16 g Eiweiß
2 g Fett
78 g Kohlenhydrate
10 g Ballaststoffe

Zutaten für 2 Portionen

150 g Vollkornnudeln (z. B. Spiralnudeln oder schmale Bandnudeln)
2 Knoblauchzehen
10 Kirschtomaten
3 Tomaten
1 kleine Aubergine
80 g schwarze Oliven ohne Stein (Dose/Glas)
½ Bund glatte Petersilie
1 EL Olivenöl
weißer Pfeffer, Salz
1 EL Balsamicocreme
30 g Feta, fettreduziert (40 % F. i. Tr.)

Zubereitung

1 Die Nudeln nach Packungsanweisung bissfest kochen. Inzwischen den Knoblauch abziehen und durch eine Presse in eine Schüssel drücken. Die Kirschtomaten waschen, halbieren und dazugeben.

2 Die Tomaten waschen, halbieren, die Stielansätze entfernen und das Fruchtfleisch würfeln. Die Aubergine waschen, putzen, halbieren und fein würfeln. Die Oliven abtropfen lassen und halbieren. Die Petersilie waschen, trocken schütteln und fein hacken.

3 Das Öl in einer großen Pfanne erhitzen und das Gemüse darin andünsten. Mit Pfeffer und Salz würzen. Die Balsamicocreme dazugeben. Die Nudeln zum Gemüse geben und das Ganze auf zwei Teller verteilen.
Den Feta zerbröckeln und darüberstreuen.

Kartoffel-Wirsing-Gratin

Zubereitungszeit: ca. 35 Minuten
Ofenzeit: ca. 20 Minuten

Eine Portion enthält:

579 kcal (2421 kJ)
23 g Eiweiß
33 g Fett
49 g Kohlenhydrate
19 g Ballaststoffe

Zutaten für 2 Portionen

2 große vorwiegend festkochende Kartoffeln
½ mittelgroßer Wirsing (ca. 400 g)
5 Frühlingszwiebeln
3 Karotten
2 EL Olivenöl
150 ml Gemüsebrühe
120 g Schmand
3 EL kernige Haferflocken
weißer Pfeffer, Salz
Öl für die Form
50 g geriebener Gouda

Zubereitung

1 Die Kartoffeln waschen und in Salzwasser 20 Minuten kochen. Inzwischen den Wirsing in Viertel schneiden, waschen, putzen und in fingerbreite Streifen schneiden. Die Frühlingszwiebeln waschen, putzen und in Ringe schneiden. Die Karotten waschen, putzen und grob raspeln.

2 Das Öl in einer großen beschichteten Pfanne erhitzen und Frühlingszwiebeln sowie Karotten darin anbraten. Wirsing und Brühe dazugeben und das Ganze etwa 10 Minuten dünsten. Den Schmand und 2 EL Haferflocken untermischen und alles mit Pfeffer und Salz abschmecken.

3 Die Kartoffeln abgießen, abschrecken, pellen und in Scheiben schneiden. Den Backofen auf 200 °C vorheizen. Eine Auflaufform mit Öl ausstreichen, eine Schicht Kartoffelscheiben auf den Boden legen, darauf eine Schicht Wirsingmischung verteilen und wieder Kartoffeln und Wirsingmischung daraufgeben.

4 Den Käse mit den restlichen Haferflocken mischen und auf das Gemüse streuen. Das Gratin etwa 20 Minuten auf der mittleren Einschubleiste backen.

Wirsing-Linsen-Eintopf

Zubereitungszeit: ca. 45 Minuten

Eine Portion enthält:

340 kcal (1422 kJ)
19 g Eiweiß
13 g Fett
34 g Kohlenhydrate
10 g Ballaststoffe

Zutaten für 4 Portionen

½ mittelgroßer Wirsing (400 g)
1 milde Zwiebel
1 Knoblauchzehe
2 Stangen Staudensellerie
3 kleine Karotten
1 Lorbeerblatt
3 frische Thymianzweige
1 EL Olivenöl
100 g gelbe Linsen
100 g Berglinsen
1,5 l Gemüsebrühe
weißer Pfeffer aus der Mühle
100 g Crème fraîche
4 EL Petersilie, fein gehackt

Zubereitung

1 Den Wirsing halbieren, den Strunk keilförmig herausschneiden, das Gemüse gut waschen und quer in Streifen schneiden. Zwiebel und Knoblauch abziehen und klein schneiden. Staudensellerie waschen, putzen und in feine Scheiben schneiden. Die Karotten waschen, putzen, schälen und würfeln.

2 Das Gemüse bis auf den Wirsing mit Olivenöl in einen Topf geben, Thymian und Lorbeer dazugeben und alles andünsten, bis die Zwiebeln glasig sind.

3 Den Wirsing und die Linsen dazugeben, alles mit Brühe angießen, mit Pfeffer würzen und zugedeckt bei mittlerer Hitze etwa 30 Minuten köcheln.

4 Lorbeerblatt und Thymianzweige entfernen. Den Eintopf nach Wunsch im Topf grob pürieren, sodass er teils cremig, teils stückig ist. Auf jede Portion etwas Crème fraîche und Petersilie geben.

Zucchini-Spaghetti mit Feta

Zubereitungszeit: ca. 50 Minuten

Eine Portion enthält:

235 kcal (981 kJ)
14 g Eiweiß
16 g Fett
8 g Kohlenhydrate
4 g Ballaststoffe

Zutaten für 4 Portionen

300 g Kirschtomaten
600 g Zucchini
1 milde Zwiebel
1 Knoblauchzehe
2 EL Olivenöl
250 g Feta (45 % Fett i. Tr.)
weißer Pfeffer, Salz
etwas Zitronensaft
einige Blättchen frisches Basilikum, gezupft

Zubereitung

1 Die Tomaten waschen, trocken tupfen und klein schneiden. Die Zucchini waschen, trocken tupfen, die Enden abschneiden und das Gemüse mithilfe eines Spiralschälers in Spaghettiform schneiden. In eine Schüssel geben.

2 Die Zwiebel und den Knoblauch abziehen und fein hacken. Das Öl in einer großen Pfanne erhitzen und die Zwiebeln zusammen mit dem Knoblauch andünsten.

3 Die Zucchini und die Tomaten hinzufügen und das Ganze zugedeckt bei milder Hitze etwa 3–5 Minuten andünsten. Dabei mehrmals wenden. Mit Pfeffer, Salz und Zitronensaft würzen.

4 Den Feta in Würfel schneiden und unter das Gemüse mischen, den Basilikum darüberstreuen.

TIPP

Den Ballaststoffgehalt können Sie problemlos verdoppeln, indem Sie pro Portion 50 g Vollkornspaghetti dazu geben.

Buchweizenpfannkuchen mit Salat

Zubereitungszeit: ca. 45 Minuten

Eine Portion enthält:

611 kcal (2559 kJ)
29 g Eiweiß
28 g Fett
61 g Kohlenhydrate
7 g Ballaststoffe

Zutaten für 4 Portionen

Für den Teig

250 g Buchweizenmehl
75 g Weizenvollkornmehl
3 EL geschrotete Leinsamen
½ TL Salz
3 Eier
250 ml Milch, 3,5 % Fett
250 ml kohlensäurehaltiges Mineralwasser
4 EL Rapsöl

Für den Dip

1 Schalotte
200 g saure Sahne
3 EL frische Kräuter (z. B. Schnittlauch, Petersilie, Dill)
weißer Pfeffer, Salz

Für den Salat

150 g Blattsalat
1 EL Olivenöl
1 Schuss Balsamicoessig
Pfeffer, Salz
½ TL Zucker

Zubereitung

1 Die Mehle mit den Leinsamen und dem Salz in einer Schüssel mischen. Die Eier, die Milch und das Mineralwasser mit einem Schneebesen untermischen und alles zu einem glatten Teig verarbeiten.

2 Die Schalotte fein hacken. Für den Dip die saure Sahne mit der Schalotte und den Kräutern verrühren und alles mit Pfeffer und Salz würzen. Den Salat waschen, putzen, zerpflücken und mit einem Dressing aus Öl, Essig, Pfeffer, Salz und Zucker vermengen.

3 Das Öl teelöffelweise zum Braten in einer beschichteten Pfanne erhitzen und aus dem Teig acht Fladen ausbacken.

4 Den Salat auf vier Tellern anrichten, die Pfannkuchen daraufgeben und den Dip darauf verteilen.

Blumenkohl mit Crème fraîche

Zubereitungszeit: ca. 25 Minuten

Eine Portion enthält:

272 kcal (1139 kJ)	8 g Kohlenhydrate
18 g Eiweiß	6 g Ballaststoffe
18 g Fett	

Zutaten für 4 Portionen

1 großer Blumenkohl (ca. 850 g)
ein Schuss Essig
Salz
150 g Crème fraîche
100 ml Milch, 3,5 % Fett
100 ml Gemüsefond (Glas)
50 g geraspelter Gouda
geriebene Muskatnuss
weißer Pfeffer, Salz
1 Spritzer Zitronensaft
1 EL geschrotete Leinsamen
2 EL Schnittlauch oder Petersilie, fein gehackt

TIPP

Wer nicht ausschließlich vegetarisch ist, kann 100 g gekochten Schinken dazugeben: In feine Streifen schneiden und einfach unter die Soße mischen.

Zubereitung

1 Vom Blumenkohl die Hüllblätter und die hellen Blätter darunter entfernen, das Strunkende ausschneiden und den Kohlkopf zum Reinigen in kaltes Essigwasser legen. Gut kalt abspülen und welke und braune Stellen entfernen. Den verbliebenen Strunk kreuzweise einschneiden.

2 In einem großen Topf reichlich Salzwasser zum Kochen bringen und dem Blumenkohl mit dem Strunk nach unten hineingeben. Er sollte mit Wasser bedeckt sein. Zugedeckt etwa 15 Minuten kochen.

3 Die Crème fraîche mit der Milch glatt rühren und zusammen mit dem Gemüsefond in einen Topf geben. Die Mischung erhitzen, dabei unter Rühren den Käse hinzugeben und schmelzen. Mit Muskat, Pfeffer, Salz und Zitronensaft abschmecken, die Leinsamen untermischen.

4 Den Schinken in feine Streifen schneiden und unter die Soße mischen. Den Blumenkohl mit einer Schaumkelle herausnehmen, mit dem Strunk nach unten auf ein Sieb geben und abtropfen lassen. Auf eine Platte setzen und die Soße darübergeben. Mit den Kräutern bestreuen.

Gefüllte Tomaten mit Spinat und Ricotta

Zubereitungszeit: ca. 20 Minuten
Backzeit: ca. 20 Minuten

Eine Portion enthält:

350 kcal (1466 kJ)
19 g Eiweiß
25 g Fett
11 g Kohlenhydrate
6 g Ballaststoffe

Zutaten für 4 Portionen

Öl für die Form
450 g frischer Blattspinat
Salz
1 kg große Tomaten (z. B. Fleischtomaten)
2 Knoblauchzehen
1 Zwiebel
2 EL Olivenöl
200 g Ricotta
100 g Crème fraîche
2 Eier
4 EL geriebener Parmesan
weißer Pfeffer, Salz
geriebene Muskatnuss

Zubereitung

1 Den Backofen auf 200 °C vorheizen und eine hitzefeste Form mit Öl ausstreichen.

2 Den Spinat waschen, verlesen, putzen und etwa 1 Minute in kochendem Salzwasser blanchieren. Abgießen, kalt abschrecken und gut ausdrücken, dann grob hacken. Die Tomaten waschen, unten einen Deckel abschneiden und das Innere aushöhlen. Den Knoblauch und die Zwiebel abziehen, fein hacken und im Olivenöl glasig dünsten.

3 In eine Schüssel geben und mit Spinat, Ricotta, Crème fraîche, Eiern und Parmesan vermengen. Mit Pfeffer, Salz und Muskat würzen.

4 Die Masse in die Tomaten füllen, die Deckel auflegen und alles etwa 20 Minuten auf der mittleren Einschubleiste backen. Heiß servieren.

Champignons mit Kräuterfüllung auf Feldsalat

Zubereitungszeit: ca. 30 Minuten
Ofenzeit: ca. 10 Minuten

Eine Portion enthält:

325 kcal (1365 kJ)
10 g Eiweiß
26 g Fett
13 g Kohlenhydrate
5 g Ballaststoffe

Zutaten für 4 Portionen

16 große Champignons
1 Zwiebel
1 Knoblauchzehe
5 EL kernige Haferflocken
1 EL Sonnenblumenöl
200 g Tomaten
1 rote Paprika
frische Kräuter (z. B. Estragon, Thymian)
weißer Pfeffer, Salz
50 g geriebener Gouda, mittelalt
4 EL Butter
150 g Feldsalat
1 TL Zitronensaft
1 EL mittelscharfer Senf
100 ml Gemüsefond (Glas)
3 EL gemischte Kräuter, fein gehackt

Zubereitung

1 Die Champignons waschen, trocken tupfen, putzen, die Stiele vorsichtig herausdrehen und klein schneiden. Die Zwiebel und den Knoblauch abziehen, fein hacken und zusammen mit den Champignonstielen sowie den Haferflocken im heißen Öl andünsten.

2 Die Tomaten und die Paprika waschen, putzen, fein würfeln und hinzugeben. Die Kräuter waschen, trocken schütteln, fein hacken und untermischen. Alles mit Pfeffer und Salz würzen und die Hälfte des Käses untermengen. Den Backofen auf 200 °C vorheizen und eine hitzefeste Form mit etwas Butter ausstreichen.

3 Die restliche Butter zerlassen und die Champignonköpfe von außen damit einstreichen. Die Füllung auf die Köpfe verteilen. Die gefüllten Champignons in die Form setzen und mit dem restlichen Käse bestreuen. Auf der mittleren Einschubleiste etwa 10 Minuten überbacken.

4 Inzwischen den Salat waschen, trocken schütteln, putzen und auf einer großen Platte anrichten. Die übrigen Zutaten zu einer Vinaigrette verrühren, mit Pfeffer und Salz abschmecken. Die Champignons auf dem Salatbett anrichten und die Vinaigrette dazu reichen.

Rosenkohl-Hafer-Clafoutis

Zubereitungszeit: ca. 25 Minuten
Backzeit: ca. 30 Minuten

Eine Portion enthält:

565 kcal (2365 kJ)
31 g Eiweiß
32 g Fett
38 g Kohlenhydrate
8 g Ballaststoffe

Zutaten für 4 Portionen

Fett für die Form
500 g Rosenkohl
3 Eier
250 ml Milch, 3,5 % Fett
5 EL Olivenöl
50 g Vollkornmehl (Type 1050)
4 EL zarte Haferflocken
25 g Haferkleie
75 g Parmesan
1 Msp. Backpulver
weißer Pfeffer, Salz
250 g Magerquark
1 Schuss Mineralwasser
20 g Basilikumpesto (Glas)

Zubereitung

1 Eine runde, flache Auflaufform einfetten und den Backofen auf 180 °C vorheizen.

2 Den Rosenkohl waschen, putzen und die Röschen halbieren.

3 Die Eier mit Milch und Öl verquirlen. In einer zweiten Schüssel Mehl, Haferflocken, Haferkleie, Backpulver, Pfeffer, etwas Salz und 50 g Parmesan verrühren.

4 Die Mischung nach und nach zur Eiermischung geben und alles zu einem glatten Teig verrühren. Alles in die Form füllen und den Rosenkohl darauf verteilen. Auf der mittleren Einschubleiste etwa 30 Minuten backen.

5 Den Quark mit Mineralwasser und Pesto zu einem Dip verrühren. Mit Pfeffer und Salz abschmecken. Aus dem Ofen nehmen, mit dem restlichen Parmesan bestreuen und mit dem Dip servieren.

TIPP

Unter einem Clafoutis versteht man eigentlich ein tortenförmiges Dessert aus der Auflaufform. Es wird ursprünglich mit Früchten zubereitet, aber auch die herzhafte Variante ist lecker!

Gebratener Spargel mit Blattsalat

Zubereitungszeit: ca. 30 Minuten

Eine Portion enthält:

408 kcal (17108 kJ)
15 g Eiweiß
16 g Fett
51 g Kohlenhydrate
10 g Ballaststoffe

Zutaten für 4 Portionen

Für den Spargel

1 kg Spargel
150 ml Gemüsefond (Glas)
60 g Buchweizenmehl
50 g Weizenmehl (Type 405)
40 g zarte Haferflocken
½ TL Salz
1 TL Kurkuma
1 TL Ingwer, frisch gerieben
1 Eigelb
125 g kernige Haferflocken
1 EL Sonnenblumenöl

Für den Salat

250 g gemischter Blattsalat
250 g Tomaten
4 EL Balsamicoessig
weißer Pfeffer, etwas Zucker, Salz
3 EL Olivenöl
frische Kräuter (z.B. Petersilie)

Zubereitung

1 Den Spargel waschen, putzen, schälen und im Gemüsefond etwa 5 Minuten blanchieren. Herausnehmen und abtropfen lassen.

2 Die Mehle und die zarten Haferflocken sowie 250 ml Wasser, Gewürze und Eigelb verrühren. Die Spargelstangen erst darin, dann in den kernigen Haferflocken wenden, die Panade etwas andrücken und dann den Spargel im Öl anbraten.

3 Den Salat waschen, putzen und in mundgerechte Stücke schneiden. Die Tomaten waschen, in Scheiben oder Achtel schneiden und unter den Blattsalat mischen. Aus den übrigen Zutaten ein Dressing rühren und den Salat anmachen und mit Kräutern garnieren.

4 Den Spargel auf Tellern anrichten und den Salat dazu reichen.

TIPP

Außerhalb der Spargelsaison können Sie auch Schwarzwurzeln verwenden. Die Stangen werden nicht geschält, sondern geschabt, und dann in mit Mehl verrührtem Wasser gesäubert. Sie haben einen spargelähnlichen Geschmack und werden wie dieser zubereitet.

Erbsen-Kokos-Risotto

Zubereitungszeit: ca. 35 Minuten

Eine Portion enthält:

224 kcal (939 kJ)
7 g Eiweiß
7 g Fett
33 g Kohlenhydrate
6 g Ballaststoffe

Zutaten für 4 Portionen

150 g Erbsen (TK)
1 rote Zwiebel
1 kleine Knoblauchzehe
1,5 cm Ingwerwurzel
200 g Grünkohl
125 g Risottoreis
1 EL Sonnenblumenöl
1 EL Misopaste
750 ml Gemüsefond (Glas)
150 ml Kokosmilch
25 g Kokosraspel
weißer Pfeffer, Salz
etwas Zitronensaft
1 TL Chiliflocken

Zubereitung

1 Die Erbsen auftauen lassen. Zwiebel und Knoblauch abziehen und fein hacken. Das Ingwerstück schälen und sehr fein schneiden. Den Grünkohl waschen und grob hacken. Den Reis in einem Sieb kalt abbrausen und abtropfen lassen.

2 Das Öl erhitzen und Zwiebel, Knoblauch und Ingwer darin anschwitzen. Die Misopaste und den Reis hinzugeben, alles etwa 2 Minuten andünsten. Mit 150 ml Fond ablöschen und das Ganze zugedeckt etwa 20 Minuten garen, zwischendurch umrühren. Nach und nach den restlichen Fond und die Kokosmilch hinzugeben.

3 Etwa 5 Minuten vor Ende der Garzeit den Grünkohl sowie die Erbsen und die Kokosraspel hinzufügen und alles fertiggaren. Mit Pfeffer, Salz und Zitronensaft würzen und mit Chiliflocken bestreuen.

TIPP

Bei Misopaste handelt es sich um eine Paste aus gesalzenen, gekochten und vergorenen Sojabohnen, Reis und Weizen. Die Paste stammt aus Japan und wird gerne in der asiatischen Küche verwendet.

Gemüse-Polenta-Gratin

Zubereitungszeit: ca. 30 Minuten
Backzeit: ca. 40–45 Minuten

Eine Portion enthält:

366 kcal (1532 kJ)
17 g Eiweiß
15 g Fett
41 g Kohlenhydrate
7 g Ballaststoffe

Zutaten für 4 Portionen

5 Zweige Thymian
300 ml Milch, 1,8 % Fett
400 ml Gemüsefond
150 g Maisgrieß (Polenta)
2–3 Tomaten
1 kleine Zucchini
1 rote Paprika
150 g Champignons
30 g geriebener Parmesan
1 EL Butter
2 Eier
weißer Pfeffer, Salz
geriebene Muskatnuss
1 Prise Knoblauchgranulat
2 EL Olivenöl

Zubereitung

1 Den Thymian waschen, trocken tupfen, die Blättchen von den Stielen zupfen und fein hacken. Die Milch zusammen mit dem Fond in einem Topf aufkochen. Thymian und Maisgrieß einrühren und bei kleiner Hitze etwa 20 Minuten unter gelegentlichem Rühren quellen lassen.

2 Das Gemüse und die Pilze waschen, putzen und klein schneiden. Parmesan, Butter und Eier unter den Maisgrieß rühren und die Masse mit Pfeffer, Muskat und Salz würzen.

3 In einer beschichteten Pfanne 1 EL Öl erhitzen und das Gemüse zusammen mit den Pilzen darin etwa 5 Minuten unter gelegentlichem Schwenken andünsten. Mit Pfeffer, Salz, Muskat und Knoblauch würzen. Den Backofen auf 180 °C vorheizen und eine Auflaufform mit dem restlichen Öl ausstreichen.

4 Das Gemüse und die Polenta abwechselnd in die Form einschichten und auf der mittleren Einschubleiste etwa 40–45 Minuten backen.

Dinkelpizza mit Grünkohl

Zubereitungszeit: ca. 35 Minuten
Gehzeit: ca. 1 ½ Stunden

Eine Minipizza enthält:

283 kcal (1185 kJ)	31 g Kohlenhydrate
11 g Eiweiß	6 g Ballaststoffe
11 g Fett	

Zutaten für 12 Stück

50 g Haselnusskerne, gehackt
2 EL geschrotete Leinsamen
550 g Dinkelmehl
Salz
1 Pck. Trockenhefe
5 EL Olivenöl
3 rote Zwiebeln
200 g Grünkohl
geriebene Muskatnuss
1 Knoblauchzehe
einige Zweige frischer Majoran
Mehl zum Ausrollen
250 g Ziegenfrischkäse (40 % Fett i. Tr.)

Zubereitung

1 Die Haselnusskerne zusammen mit dem Leinsamen ohne Fettzugabe in einer beschichteten Pfanne anrösten.

2 Mehl, 1 TL Salz, Hefe, Haselnüsse und Leinsamenschrot in einer Schüssel vermengen. Unter Rühren nach und nach 250 ml warmes Wasser zugießen. 1 EL Öl untermengen und alles 10–15 Minuten zu einem glatten Teig verkneten. Den Teig zu einer Kugel formen und zugedeckt an einem warmen Ort etwa eine Stunde gehen lassen.

3 Den Teig erneut durchkneten und in zwölf gleich große Portionen teilen, diese zu Kugeln formen und mit einem sauberen, feuchten Küchentuch abgedeckt weitere 30 Minuten gehen lassen.

4 Inzwischen die Zwiebeln abziehen, in dünne Scheiben schneiden und bei schwacher Hitze in 1 EL Öl 15 Minuten andünsten.

5 Den Grünkohl waschen, klein schneiden, zu den Zwiebeln geben und das Ganze mit Muskat und Salz würzen.

6 Den Knoblauch abziehen. Den Majoran waschen, die Blättchen von den Stielen zupfen, beides fein hacken und mit dem restlichen Öl verrühren. Den Backofen auf 220 °C vorheizen.

7 Die Teigkugeln einer bemehlten Unterlage zu Kreisen ausrollen, mit dem Kräuteröl bestreichen und die Grünkohlmischung darauf verteilen. Den Ziegenkäse zerbröckeln und darübergeben. Die Pizzen auf mittlerer Einschubleiste 8–10 Minuten backen.

Haferspätzle mit buntem Gemüse

Zubereitungszeit: ca. 50 Minuten

Eine Portion enthält:

672 kcal (2831 kJ)
20 g Eiweiß
20 g Fett
94 g Kohlenhydrate
15 g Ballaststoffe

Zutaten für 4 Portionen

Für die Spätzle
250 g zarte Haferflocken
250 g Mehl
5 Eier
3 TL Salz

Für das Schmorgemüse
1–2 Chilischoten
1 Knoblauchzehe
300 g Zucchini
1 gelbe Paprika
300 g Kirschtomaten
2 EL Sonnenblumenöl
weißer Pfeffer, getrockneter Rosmarin, Salz

Zubereitung

1 Für die Spätzle alle Zutaten mit 200 ml Wasser gut vermengen. Der Teig sollte langsam und zäh vom Löffel fließen, ohne zu reißen. Eine halbe Stunde ruhen lassen.

2 Reichlich Wasser mit Salz zum Kochen bringen. Ein Holzbrett oder einen Spätzlehobel bereithalten. Entweder den Spätzleteig portionsweise mit einem großen Messer vom angefeuchteten Brett oder mit dem Spätzlehobel ins kochende Salzwasser schaben.

3 Aufkochen und aufsteigen lassen, dann mit einem Schaumlöffel herausnehmen und in kaltem Wasser abschrecken. Gut abtropfen lassen und warm stellen.

4 Für das Schmorgemüse die Chilischoten waschen, den Stielansatz abschneiden, die Schoten längs aufschneiden, die Kerne herausschaben und das Fruchtfleisch klein schneiden. Den Knoblauch abziehen und fein hacken.

5 Das restliche Gemüse waschen, putzen und klein schneiden. Das Öl in einer großen Pfanne erhitzen und die Chilis zusammen mit Knoblauch darin anbraten. Das Gemüse dazugeben und alles etwa 10–15 Minuten zugedeckt schmoren lassen.

6 Mit Pfeffer, Rosmarin und Salz würzen. Das Schmorgemüse zusammen mit den Spätzle anrichten.

FLEISCHGERICHTE

Kernige Rouladen

Zubereitungszeit. ca. 20 Minuten
Garzeit: 40 Minuten

Eine Portion enthält:

461 kcal (1928 kJ)
27 g Eiweiß
34 g Fett
13 g Kohlenhydrate
5 g Ballaststoffe

Zutaten für 4 Portionen

4 Rinderrouladen (à 120 g)
weißer Pfeffer, Salz
1 Karotte
2 milde Zwiebeln
1 Knoblauchzehe
150 g Gewürzgurken
4 EL kernige Haferflocken
4 EL mittelscharfer Senf
4 dünne Scheiben magerer Frühstücksspeck
3 EL Rapsöl
500 ml Rinderbrühe (Würfel oder Instantpulver) oder Rinderfond (Glas)
1 EL Bratensoße (Soßenpulver)

Zubereitung

1 Die Rouladen mit der ungezackten Seite des Fleischklopfers flachklopfen und von beiden Seiten mit Pfeffer und Salz würzen. Die Karotte waschen, putzen, schälen und der Länge nach in dünne Streifen hobeln. Die Zwiebeln und den Knoblauch abziehen und fein hacken. Die Gurken klein schneiden.

2 Zwiebeln, Knoblauch, Gurken und Haferflocken mit dem Senf mischen, mit Pfeffer und Salz würzen und auf die Rouladen streichen. Darauf die Karottenstreifen verteilen und jeweils eine Scheibe Frühstücksspeck darauflegen. Das Fleisch von der schmalen Seite her aufrollen und mit Küchengarn umbinden.

3 Das Öl in einem Bräter erhitzen und die Rouladen darin von allen Seiten scharf anbraten. Mit der Brühe ablöschen und bei mittlerer Hitze zugedeckt etwa 40 Minuten fertig garen. Ab und zu wenden. Die Soße zuletzt mit etwas Soßenpulver binden.

TIPP

Zu Rouladen passen Bandnudeln (auch aus Vollkorn), Kartoffelknödel oder Kartoffelpüree. Reichen Sie dazu Rotkohl oder Blattsalat: Kohlgemüse ist besonders reich an Ballaststoffen.

Szegediner Gulasch

Zubereitungszeit: ca. 90 Minuten

Eine Portion enthält:

339 kcal (1419 kJ)
31 g Eiweiß
19 g Fett
10 g Kohlenhydrate
10 g Ballaststoffe

Zutaten für 4 Portionen

500 g Rindfleisch (Nacken oder Keule)
500 g milde Zwiebeln
1 Knoblauchzehe
1 große rote Paprika
3 EL Sonnenblumenöl
je ½ TL Paprikapulver edelsüß, Thymian, Kümmel
Pfeffer, Salz
1 EL Tomatenmark
500 g Sauerkraut (Beutel oder Dose)
250 ml Fleischfond (aus dem Glas)
50 ml trockener Weißwein
1 TL Mehl
2 EL Sahne

Zubereitung

1 Das Fleisch kalt abbrausen, trocken tupfen und in Würfel von etwa 2 cm Kantenlänge schneiden. Die Zwiebel und den Knoblauch abziehen. Die Zwiebeln in dünne Scheiben schneiden, den Knoblauch fein würfeln. Die Paprika waschen, putzen und in Streifen schneiden.

2 Das Öl in einer großen beschichteten Pfanne erhitzen und das Fleisch darin rundherum anbraten. Mit den Gewürzen und Kräutern würzen. Zwiebeln, Knoblauch, Paprikastreifen und Tomatenmark zugeben und mitdünsten. Das Sauerkraut abtropfen lassen, klein schneiden und untermischen.

3 Das Ganze mit etwas heißem Fond angießen und zugedeckt etwa 50 Minuten schmoren lassen. Zwischendurch immer wieder Fond angießen. Das Mehl mit Wein und Sahne verrühren, unter das Gulasch mischen, kurz aufkochen lassen, dann servieren.

TIPP

Das Typische an diesem Gulasch ist das Sauerkraut. Es ist bekömmlich für den Darm und harmoniert gut mit dem Fleisch. Reichen Sie dazu Kartoffelpüree.

Geschnetzeltes mit Pilzen und frischem Gemüse

Zubereitungszeit: ca. 30 Minuten

Eine Portion enthält:

338 kcal (1415 kJ)
27 g Eiweiß
20 g Fett
8 g Kohlenhydrate
6 g Ballaststoffe

Zutaten für 4 Portionen

4 Schweinerückensteaks (à 100 g)
200 g frische Champignons
3 Karotten
1 große rote Paprika
1 Zucchini
2 milde Zwiebeln
4 EL Sonnenblumenöl
weißer Pfeffer, Salz
½ TL Paprikapulver edelsüß
1 EL getrocknete Kräuter der Provence
100 ml trockener Weißwein
100 g Sahne

Zubereitung

1 Das Fleisch in sehr feine Streifen schneiden. Das Gemüse und die Pilze waschen und putzen, die Karotten schälen und die Zwiebeln abziehen. Alles sehr klein schneiden.

2 Das Öl in einem weiten Topf erhitzen und das Fleisch darin anbraten. Mit Pfeffer, Salz und Paprika würzen. Herausnehmen und das Gemüse und die Pilze darin anbraten. Die Kräuter untermischen und alles mit Wein ablöschen. Etwa 10 Minuten zugedeckt köcheln lassen.

3 Das Fleisch wieder dazugeben und die Sahne unterrühren. Nochmals durchköcheln lassen.

TIPP

Dazu passen Reis oder Nudeln, möglichst Vollkorn. Vollkornprodukte enthalten mehr Ballaststoffe, weil das Korn nicht voll ausgemahlen ist und noch Schalenanteile enthält.

Gyrosspieße mit buntem Joghurtdip

Zubereitungszeit: ca. 30 Minuten

Eine Portion enthält:

316 kcal (1323 kJ)
27 g Eiweiß
15 g Fett
17 g Kohlenhydrate
5 g Ballaststoffe

Zutaten für 4 Portionen

400 g Schweineschnitzel
weißer Pfeffer, Salz
Gyrosgewürz
1 große Zucchini
250 g Maiskolben (Dose/Glas)
1 Knoblauchzehe
200 g Naturjoghurt, 3,5 % Fett
½ Salatgurke
1 Karotte
1 kleine rote Paprika
2 EL geschrotete Leinsamen
4 EL Sonnenblumenöl

Zubereitung

1 Das Fleisch in mundgerechte Stücke schneiden, mit Pfeffer, Salz und Gyrosgewürz bestreuen. Zucchini waschen, putzen und in 1 cm dicke Scheiben schneiden. Mais abtropfen lassen und ebenfalls in dicke Scheiben schneiden. Fleisch, Zucchini und Mais abwechselnd auf Schaschlikspieße aufstecken.

2 Die Knoblauchzehe abziehen, durch eine Presse in eine Schüssel drücken und den Joghurt dazugeben. Das Gemüse waschen, putzen, Gurke und Karotte schälen. Alles im Mixer pürieren und zusammen mit den Leinsamen zum Joghurt geben. Das Ganze verrühren und mit Pfeffer und Salz würzen.

3 Das Öl in einer beschichteten Pfanne erhitzen und die Fleischspieße darin von allen Seiten gut anbraten. Mit dem Gemüsedip servieren.

TIPP

Dazu passen frischer Salat und Vollkornbaguette.

Putenschnitzel mit Kokosreis

Zubereitungszeit: ca. 40 Minuten

Eine Portion enthält:

677 kcal (2834 kJ)
42 g Eiweiß
27 g Fett
63 g Kohlenhydrate
8 g Ballaststoffe

Zutaten für 4 Portionen

Für die Schnitzel

4 Putenschnitzel (à 120 g)
weißer Pfeffer, Salz
Currypulver
50 g Weizenvollkornmehl zum Panieren
2 Eier
50 g Hafermehl
50 g Vollkornsemmelbrösel
5 EL Sonnenblumenöl

Für den Reis

200 g Vollkornreis
Salz
60 g Kokosraspel

Zubereitung

1 Die Putenschnitzel etwas flachklopfen, mit Pfeffer, Curry und Salz von beiden Seiten würzen und in Mehl wenden. Die Eier in einem tiefen Teller verquirlen und die Schnitzel erst darin wenden, dann in einer Mischung aus Hafermehl und Semmelbröseln wenden.

2 Das Öl in einer beschichteten Pfanne erhitzen und die Schnitzel nacheinander von beiden Seiten goldbraun anbraten, dann warm stellen.

3 Den Reis in Salzwasser nach Packungsanweisung garen. Nach der halben Kochzeit die Kokosraspel untermischen und das Ganze zugedeckt fertiggaren. Mit Curry und Pfeffer abschmecken und zusammen mit den Schnitzeln servieren.

TIPP

Dazu schmeckt frischer Blattsalat. Auch Warmgemüse wie Spargel, Erbsen und Möhren oder Brokkoli passen dazu.

Putengeschnetzeltes mit Gemüse

Zubereitungszeit: ca. 30 Minuten

Eine Portion enthält:

232 kcal (971 kJ)
27 g Eiweiß
9 g Fett
10 g Kohlenhydrate
5 g Ballaststoffe

Zutaten für 4 Portionen

400 g Putenschnitzel
weißer Pfeffer, Salz
½ TL Paprikapulver edelsüß
2 Zwiebeln
1 rote Paprika
1 Zucchini
100 g Karotten
100 g Gemüsemais (Dose/Glas)
3 EL Olivenöl
3 EL Gemüsefond

Zubereitung

1 Die Putenschnitzel in feine Streifen schneiden und mit Pfeffer, Paprika und Salz würzen. Die Zwiebeln abziehen und klein schneiden.

2 Die Paprika waschen, putzen, Kerne entfernen und das Fruchtfleisch in Streifen schneiden. Zucchini und Karotten waschen, schälen und klein schneiden. Den Mais abtropfen lassen.

3 Das Öl in einer beschichteten Pfanne erhitzen und das Fleisch darin rundherum anbraten. Herausnehmen und das Gemüse darin anbraten.

4 Den Gemüsefond untermischen und das Gemüse fertig dünsten. Das Putenfleisch untermischen, alles abschmecken und servieren.

Hühnerbrust auf Grünkernrisotto

Zubereitungszeit: ca. 30 Minuten

Eine Portion enthält:

495 kcal (2072 kJ)
35 g Eiweiß
22 g Fett
35 g Kohlenhydrate
7 g Ballaststoffe

Zutaten für 4 Portionen

3 Karotten
1 Schalotte
1 EL Butter
200 g Grünkern
125 ml Gemüsefond (Glas)
weißer Pfeffer, Salz
2 ausgelöste Hühnerbrüste (à 250 g)
2 EL Sonnenblumenöl
250 ml Geflügelfond (Glas)
4 cl trockener Rotwein
2 EL Balsamicoessig
50 g kalte Butter

Zubereitung

1 Die Karotten und die Schalotten waschen, putzen, schälen, klein schneiden und in der Butter andünsten.

2 Den Grünkern hinzufügen, kurz mitdünsten, dann mit dem Fond ablöschen. Mit Pfeffer und Salz würzen. Das Ganze zugedeckt etwa 25 Minuten garen.

3 Inzwischen im Öl die Hühnerbrust von beiden Seiten scharf anbraten, dann bei milder Hitze etwa 4 Minuten fertig braten.

4 Geflügelfond, Rotwein und Balsamico angießen und die Flüssigkeit bei offenem Deckel um etwa ein Drittel einkochen. Dann die kalte Butter in Flöckchen unterschlagen.

5 Die Hühnerbrüstchen auf dem Grünkernrisotto anrichten und mit der Soße übergießen.

Cajun-Hähnchen mit Vollkornreis

Zubereitungszeit: ca. 50 Minuten

Eine Portion enthält:

398 kcal (1666 kJ)
39 g Eiweiß
17 g Fett
22 g Kohlenhydrate
4 g Ballaststoffe

Zutaten für 4 Portionen

200 g Vollkornreis
Salz
100 g Schalotten
400 g Tomaten
3 EL Olivenöl
2 EL Balsamicoessig
1 TL Knoblauchgranulat
1 ½ TL Paprikapulver edelsüß
½ TL Cayennepfeffer
½ TL Oregano, gerebelt
4 Hähnchenbrustfilets (à 100 g)
Saft und Schale von 1 Bio-Limette
¼ Bund frischer Koriander
2 EL Rapsöl

Zubereitung

1 Den Reis nach Packungsanweisung in 400 ml Salzwasser garen. Inzwischen die Schalotten abziehen, die Tomaten waschen und beides fein würfeln. Mit Olivenöl und Balsamico mischen, mit Pfeffer und Salz würzen.

2 Die Gewürze und Kräuter mit 1 TL Salz vermengen. Die Hähnchenbrustfilets kalt abbrausen, trocken tupfen und rundherum mit der Gewürzmischung einreiben.

3 Die Limette waschen, trocken tupfen, die Schale abreiben und den Saft auspressen. Den Koriander waschen, die Blättchen fein hacken, mit Limettenschale und -saft unter den gegarten Reis mischen, mit Pfeffer und Salz abschmecken.

4 Die Hähnchenfilets in einer Pfanne in Rapsöl rundherum etwa 15 Minuten bei mittlerer Hitze braten. Dann mit der Tomatenmischung und dem Reis anrichten.

Hackbraten mit Wurzelgemüse

Zubereitungszeit: ca. 30 Minuten
Ofenzeit: ca. 45 Minuten

Eine Portion enthält:

532 kcal (2227 kJ)	14 g Kohlenhydrate
30 g Eiweiß	5 g Ballaststoffe
39 g Fett	

Zutaten für 4 Portionen

500 g gemischtes Hackfleisch
1 Ei
weißer Pfeffer, Salz
je ½ TL Paprikapulver edelsüß, getrockneter Thymian und Majoran
1 altbackenes, eingeweichtes Vollkornbrötchen
3 EL zarte Haferflocken
1 EL geschrotete Leinsamen
4 EL Sonnenblumenöl
1 milde Zwiebel
250 g Wurzelgemüse (z. B. Karotten, Sellerieknolle, Lauch)
250 ml Fleischfond (Glas)
1 TL Tomatenmark
1 EL Bratensoße (Soßenpulver)

Zubereitung

1 Das Hackfleisch zusammen mit dem Ei in eine Schüssel geben, Gewürze und Kräuter hinzugeben. Das Brötchen ausdrücken, zusammen mit den Haferflocken und den Leinsamen unter das Hackfleisch mischen.

2 Gut durchkneten und den Teig länglich ausformen. Das Öl in einem Bräter erhitzen und den Hackfleischteig von allen Seiten darin anbraten.

3 Die Zwiebel abziehen, fein würfeln und dazugeben. Das Wurzelgemüse waschen, putzen, schälen, klein schneiden und mitdünsten, bis alles leicht gebräunt ist. Zwischendurch den Hackbraten wenden.

4 Den Fond angießen und das Tomatenmark einrühren. Den Hackbraten aus der Soße nehmen und die Soße mit Bratensoße binden.

5 Alles im Topf mit einem Stabmixer pürieren und nochmals aufkochen lassen. Den Hackbraten wieder in die Soße legen und alles im Backofen bei 180 °C etwa 45 Minuten garen.

TIPP

Dazu passen Kartoffelpüree und Blattsalat.

Linsencurry

Zubereitungszeit: ca. 40 Minuten

Eine Portion enthält:

240 kcal (1004 kJ)
28 g Eiweiß
10 g Fett
9 g Kohlenhydrate
5 g Ballaststoffe

Zutaten für 4 Portionen

4 Schweinerückensteaks (400 g)
3 EL Sonnenblumenöl
weißer Pfeffer, Salz
je ½ TL Paprikapulver edelsüß, Curry
50 g rote Linsen
200 ml Fleischfond (Glas)
1 große rote Paprika
2 Karotten
1 Frühlingszwiebel

Zubereitung

1 Die Steaks in feine Streifen schneiden. Das Öl in einer großen Pfanne erhitzen und das Fleisch darin scharf anbraten. Mit Pfeffer, Salz, Paprika und Curry würzen.

2 Die Linsen dazugeben und den Fond angießen, alles aufkochen. Das Gemüse waschen, putzen, die Karotten schälen, alles klein schneiden und hinzugeben.

3 Das Curry zugedeckt bei milder Hitze etwa 30 Minuten köcheln lassen.

TIPP

Dazu passen frischer Salat und Vollkornbaguette.

Schinkennudeln mit Gemüse

Zubereitungszeit: ca. 30 Minuten

Eine Portion enthält:

283 kcal (1185 kJ)
15 g Eiweiß
9 g Fett
28 g Kohlenhydrate
6 g Ballaststoffe

Zutaten für 4 Portionen

150 g kleine Vollkornnudeln (z. B. Spiralen, Hörnchen, Schmetterlinge)
Salz
1 Zucchini
2 Karotten
1 Zwiebel
150 g gekochter Schinken in Scheiben
1 TL Butter

Zubereitung

1 Die Nudeln nach Packungsanweisung in Salzwasser bissfest garen. Zucchini und Karotten waschen, putzen, schälen und grob raspeln. Die Zwiebel abziehen und fein würfeln.

2 Den Schinken in feine Streifen schneiden. Die Butter in einer beschichteten Pfanne erhitzen, das Gemüse darin andünsten, dann den Schinken und die Nudeln dazugeben und alles nochmals erhitzen.

Spaghetti mit kerniger Hackfleischsoße

Zubereitungszeit: ca. 30 Minuten

Eine Portion enthält:

693 kcal (2899 kJ)
30 g Eiweiß
47 g Fett
37 g Kohlenhydrate
10 g Ballaststoffe

Zutaten für 2 Portionen

100 g Vollkornspaghetti
Salz
1 milde Zwiebel
2 EL Sonnenblumenöl
200 g gemischtes Hackfleisch
1 rote Paprika
weißer Pfeffer
je ½ TL Paprikapulver edelsüß, getrockneter Thymian und Majoran
100 ml Rinderfond (Glas)
2 EL geschrotete Leinsamen
2 EL Crème fraîche

Zubereitung

1 Die Nudeln in Salzwasser nach Packungsanweisung bissfest garen. Inzwischen die Zwiebel abziehen und fein würfeln. Das Öl in einer beschichteten Pfanne erhitzen und die Zwiebel darin glasig dünsten. Das Hackfleisch dazugeben und krümelig braten.

2 Die Paprika waschen, putzen, vierteln, entkernen und das Fruchtfleisch sehr fein würfeln. Zum Hackfleisch geben und mitbraten. Das Ganze mit Pfeffer, Paprika, den Kräutern und Salz würzen.

3 Den Fond und die Leinsamen untermischen. Etwa 5 Minuten durchköcheln lassen, dann die Crème fraîche unterrühren. Die Soße mit den Spaghetti anrichten.

FISCHGERICHTE

Kabeljaufilet auf Ratatouille

Zubereitungszeit: ca. 35 Minuten
Ofenzeit: ca. 25 Minuten

Eine Portion enthält:

489 kcal (2045 kJ)
36 g Eiweiß
32 g Fett
13 g Kohlenhydrate
11 g Ballaststoffe

Zutaten für 4 Portionen

4 Kabeljaufilets (à 150 g)
2 EL Zitronensaft
weißer Pfeffer, Salz
3 milde Zwiebeln
2 Knoblauchzehen
1 mittelgroße Aubergine
2 Zucchini
3 kleine Paprika (rot, gelb, grün)
4 EL Sonnenblumenöl
1 Dose geschälte Tomaten (450 ml)
3 EL geschrotete Leinsamen
1 Bund frisches Basilikum, gezupft

Zubereitung

1 Die Fischfilets kalt abspülen, trocken tupfen, mit Zitronensaft beträufeln und mit Pfeffer und Salz würzen.

2 Die Zwiebeln und den Knoblauch abziehen und fein würfeln. Das restliche Gemüse waschen, putzen und klein schneiden. Den Backofen auf 200 °C vorheizen.

3 Das Öl in einem großen Topf erhitzen und das Gemüse darin anbraten. Die Tomaten samt Saft hinzugeben, Leinsamen und Basilikum untermischen, mit Pfeffer und Salz würzen. Etwa 15 Minuten dünsten.

4 Das Gemüse in eine ofenfeste Pfanne verteilen und die Fischfilets darauflegen. Das Ganze mit Alufolie abdecken und auf der mittleren Einschubleiste etwa 25 Minuten garen.

TIPP

Dazu passt Reis oder Kartoffelpüree.

Rotbarschfilet auf Fenchel

Zubereitungszeit. ca. 25 Minuten
Ofenzeit: ca. 10 Minuten

Eine Portion enthält:

378 kcal (1581 kJ)
33 g Eiweiß
24 g Fett
7 g Kohlenhydrate
8 g Ballaststoffe

Zutaten für 4 Portionen

500 g Fenchelknollen
5 EL Olivenöl
weißer Pfeffer, Salz
1 Schalotte
1 Knoblauchzehe
250 g stückige Tomaten (Dose)
1 EL getrockneter Thymian
4 Rotbarschfilets (à 150 g)
3 EL Zitronensaft
1 EL Vollkornmehl
2 EL geschrotete Leinsamen
1 EL Butter
1 EL Dill, fein gehackt

Zubereitung

1 Den Fenchel waschen, putzen und quer in Scheiben schneiden. In 3 EL Öl 2–3 Minuten anbraten. Schalotte und Knoblauch abziehen, klein schneiden und mitdünsten. Tomaten und Thymian dazugeben und alles mit Pfeffer und Salz würzen.

2 Die Fischfilets kalt abspülen, trocken tupfen, mit Zitronensaft beträufeln und mit Pfeffer und Salz würzen. Den Backofen auf 180 °C vorheizen.

3 Die Fischfilets auf der Hautseite mit Mehl bestäuben und im restlichen Öl von beiden Seiten jeweils etwa 3 Minuten braten.

4 Eine Auflaufform mit Butter ausfetten, die Fenchelmischung darin ausbreiten, die Fischfilets darauflegen und den Dill darüberstreuen. Auf der mittleren Einschubleiste etwa 10 Minuten backen.

Dorschfilet auf Kartoffelgemüse

Zubereitungszeit: ca. 30 Minuten
Ofenzeit: ca. 12 Minuten

Eine Portion enthält:

435 kcal (1820 kJ)
39 g Eiweiß
17 g Fett
27 g Kohlenhydrate
5 g Ballaststoffe

Zutaten für 4 Portionen

700 g festkochende Kartoffeln
Butter für die Form
2 EL geschrotete Leinsamen
4 Kabeljaufilets (à 200 g)
2 EL Zitronensaft
weißer Pfeffer, Salz
50 g Butter
75 ml trockener Weißwein
1 EL mittelscharfer Senf
5 EL Sahne
Kümmel, gemahlen
frische Petersilie

Zubereitung

1 Die Kartoffeln waschen und knapp mit Wasser bedeckt garen. Abschrecken, pellen und in Scheiben schneiden. Eine Auflaufform mit etwas Butter ausstreichen und die Kartoffelscheiben einschichten. Die Leinsamen dazwischenstreuen.

2 Die Fischfilets kalt abbrausen, trocken tupfen, mit Zitronensaft beträufeln und mit Pfeffer und Salz würzen. Den Backofen auf 200 °C vorheizen. Die Fischfilets nebeneinander auf die Kartoffeln legen.

3 Die Butter zusammen mit dem Wein in einem Töpfchen erhitzen. Senf, Sahne und Kümmel unterrühren und die Soße über den Fisch und die Kartoffeln geben. Das Ganze mit Alufolie bedecken und auf der mittleren Einschubleiste etwa 12 Minuten backen.

TIPP

Der Dorsch ist wie viele andere Meeresfische von der Überfischung der Meere bedroht. Achten Sie daher darauf, wie und wo der Fisch gefangen wird: Es gibt nachhaltige Fangmethoden, die die Artenvielfalt in unseren Meeren schützen und erhalten. Statt Dorsch können Sie auch Rotbarsch verwenden.

Renkenfilet mit Graupenragout

Zubereitungszeit: ca. 35 Minuten

Eine Portion enthält:

500 kcal (2039 kJ)
38 g Eiweiß
15 g Fett
54 g Kohlenhydrate
5 g Ballaststoffe

Zutaten für 4 Portionen

1 Schalotte
1 EL Butter
300 g Perlgraupen
450 ml Fischfond (Glas)
8 Renken- oder Saiblingfilets (à 80 g)
2 EL Zitronensaft
weißer Pfeffer, Salz
2 EL Sonnenblumenöl
1 Bund Dill
2 EL Sahne
1 EL weißer Balsamicoessig

Zubereitung

1 Die Schalotte abziehen, fein würfeln und in der Butter andünsten. Die Graupen und den Fischfond dazugeben, kurz aufkochen und alles bei schwacher Hitze zugedeckt etwa 15 Minuten garen.

2 Die Fischfilets kalt abspülen, trocken tupfen, mit Zitronensaft beträufeln und mit Pfeffer und Salz würzen. Das Öl in einer beschichteten Pfanne erhitzen und die Fischfilets mit der Hautseite nach unten etwa 4 Minuten braten. Herausnehmen und zugedeckt warm halten.

3 Den Dill waschen, trocken tupfen und fein hacken. Zusammen mit der Sahne und dem Essig unter die Graupen mischen und alles mit Pfeffer und Salz würzen. Den Essig unterrühren. Die Renkenfilets mit dem Graupenragout servieren.

Kabeljau Gärtnerin-Art

Zubereitungszeit: ca. 45 Minuten

Eine Portion enthält:

496 kcal (2074 kJ)
42 g Eiweiß
26 g Fett
17 g Kohlenhydrate
10 g Ballaststoffe

Zutaten für 4 Portionen

4 Kabeljaufilets (à 200 g)
2 Zwiebeln
125 g frische Champignons
1 EL Butter
1 Lorbeerblatt
125 ml trockener Weißwein
Saft von 1 Zitrone
150 ml Gemüsefond (Glas)
ca. 1 kg frisches Gemüse (z. B. Fenchel, Zucchini, Gurken, Blumenkohl, Paprika, Tomaten)
1 EL zarte Haferflocken
1 TL weiße/helle Soße (instant, aus dem Päckchen)

Zubereitung

1 Die Fischfilets kalt abbrausen, trocken tupfen und die Haut mehrmals etwa 1 cm tief einschneiden. Die Zwiebeln abziehen und fein würfeln. Die Champignons waschen, putzen und in dünne Scheiben schneiden. Den Backofen auf 200 °C vorheizen.

2 Eine hitzefeste Form mit Butter ausstreichen, die Zwiebelwürfel hineinstreuen, Fisch, Champignons, Lorbeerblatt, Wein, Zitronensaft dazugeben, alles mit Pfeffer bestreuen und die Hälfte des Fonds darüber verteilen. Mit Alufolie abdecken und auf der mittleren Einschubleiste etwa 35 Minuten garen.

3 Inzwischen das Gemüse waschen, putzen und je nach Sorte zerkleinern. In einem großen Topf die restliche Brühe erhitzen und das Gemüse darin 25 Minuten dünsten.

4 Die Haferflocken und das Soßenpulver in die restliche Brühe einrühren, kurz aufkochen, dann die Fischfilets zusammen mit dem Gemüse und der Soße anrichten.

TIPP

Der Kabeljau ist in der Nordsee wegen Überfischung rar geworden, die Bestände sind bedroht, daher sollte er nur selten auf den Tisch kommen. Sie können auch Seelachs oder Makrele verwenden.

Thunfisch-Moussaka

Zubereitungszeit: ca. 55 Minuten
Backzeit: ca. 45 Minuten

Eine Portion enthält:

368 kcal (1540 kJ)	15 g Kohlenhydrate
23 g Eiweiß	7 g Ballaststoffe
24 g Fett	

Zutaten für 6 Portionen

2 milde Zwiebeln
1 Knoblauchzehe
100 ml Olivenöl
8 Tomaten
einige Zweige frischer Thymian, Basilikum und Petersilie
300 g Thunfisch (im eigenen Saft)
weißer Pfeffer, Salz
2 Auberginen (möglichst bauchig)
6 EL zarte Haferflocken
125 g geriebener Parmesan
250 g Kirschtomaten
2 Eier
1 TL Zitronensaft

Zubereitung

1 Die Zwiebeln und den Knoblauch abziehen, fein würfeln und in 3 EL Öl andünsten. Die Tomaten und die Kräuter waschen, klein schneiden und hinzufügen. Mit 5 EL Wasser angießen und zugedeckt 30 Minuten köcheln lassen.

2 Den Thunfisch abtropfen lassen, in 5 EL Öl anbraten, in die Tomatensoße mischen und die Soße mit Pfeffer und Salz würzen.

3 Die Auberginen waschen, putzen, jeweils einen flachen Deckel abschneiden und das Gemüse aushöhlen. Das Fruchtfleisch fein würfeln und kurz blanchieren. Die ausgehöhlten Auberginen mit 2 EL Haferflocken ausstreuen. Auberginenwürfel, Thunfischmasse und die Hälfte des Käses in die Auberginen füllen.

4 Den Backofen auf 200 °C vorheizen. Eine längliche Auflaufform mit dem restlichen Öl ausstreichen und die gefüllten Auberginen hineinsetzen.

5 Die Kirschtomaten in Scheiben schneiden und auf den Auberginen verteilen. Die restlichen Haferflocken mit den Eiern, dem restlichen Käse sowie Zitronensaft verrühren, mit Salz und Pfeffer würzen und über die Auberginen geben. Alles auf mittlerer Einschubleiste etwa 45 Minuten backen.

Fischgulasch Szegediner Art

Zubereitungszeit: ca. 50 Minuten

Eine Portion enthält:

231 kcal (965 kJ)	4 g Kohlenhydrate
33 g Eiweiß	5 g Ballaststoffe
5 g Fett	

Zutaten für 4 Portionen

4 Kabeljaufilets (à 180 g)
2 EL Zitronensaft
weißer Pfeffer, Salz
1 große milde Zwiebel
2 EL Margarine
1 kleine Dose Tomatenmark (70 g)
1 Dose Sauerkraut (850 ml)
150 ml Fleischbrühe (Würfel oder Instantpulver)
150 ml trockener Weißwein
6 Wacholderbeeren
1 Lorbeerblatt
je ½ TL Paprikapulver edelsüß, Kümmelpulver

Zubereitung

1 Fischfilets kalt abbrausen, trocken tupfen, in etwa 3 cm große Würfel schneiden, mit Zitronensaft beträufeln und mit Pfeffer und Salz würzen. 10–15 Minuten durchziehen lassen.

2 Inzwischen die Zwiebeln abziehen und klein schneiden. In der Margarine hell andünsten. Tomatenmark einrühren und das Sauerkraut dazugeben. Fleischbrühe, Wein und Gewürze dazugeben und das Ganze zugedeckt bei mittlerer Hitze 10 Minuten köcheln lassen.

3 Die Fischwürfel obendrauf legen und alles weitere 15 Minuten bei mittlerer Hitze dünsten. Vor dem Anrichten die Fischwürfel vorsichtig unter das Sauerkraut mischen, nochmals abschmecken.

TIPP

Dazu passen Salzkartoffeln oder oder Kartoffelpüree. Statt Kabeljau können Sie auch einen anderen Seefisch verwenden.

Homemade Fischstäbchen mit Erbsenpüree

Zubereitungszeit: ca. 30 Minuten

Eine Portion enthält:

349 kcal (1460 kJ)
33 g Eiweiß
14 g Fett
21 g Kohlenhydrate
6 g Ballaststoffe

Zutaten für 4 Portionen

4 Fischfilets (z. B. Rotbarsch, Seelachs) (à 150 g)
etwas Zitronensaft
weißer Pfeffer, Salz
2 EL zarte Haferflocken
1 kleine Karotte
1 Stück Zucchini
1 Ei
4 EL Sonnenblumenöl
250 g mehligkochende Kartoffeln
100 ml Milch, 3,5 % Fett
250 g Erbsen (Dose/Glas)
1 EL geschrotete Leinsamen
geriebene Muskatnuss

Zubereitung

1 Die Fischfilets in etwa 2 cm breite Streifen schneiden, mit Zitronensaft beträufeln und mit Pfeffer und Salz würzen. In den Haferflocken wenden.

2 Die Karotte und Zucchini waschen, putzen, die Karotte schälen, beides fein raspeln und mit dem Ei verrühren. Die Fischstäbchen darin wenden. Die Fischstäbchen in heißem Öl rundherum braten und dann warm stellen.

3 Die Kartoffeln schälen, knapp mit Wasser bedeckt weich kochen und abgießen. Die Milch erhitzen und mit den Kartoffeln und den abgetropften Erbsen fein pürieren. Die Leinsamen unterrühren.

4 Das Püree mit Pfeffer, Muskat und Salz abschmecken. Die Fischstäbchen mit dem Püree servieren.

BROT, BRÖTCHEN UND KUCHEN

Walnussbrot

Zubereitungszeit: ca. 30 Minuten
Gehzeit: ca. 35 Minuten
Backzeit: ca. 30–35 Minuten

Eine Scheibe enthält:

289 kcal (1210 kJ)	40 g Kohlenhydrate
15 g Eiweiß	6 g Ballaststoffe
8 g Fett	

Zutaten für 1 kg Brot (15 Scheiben)

350 g Weizen- und Dinkelmehl
150 g zarte Haferflocken
3 EL Haferkleie (mit Keim)
3 TL Salz
1 Würfel frische Hefe
1 EL Honig
200 g Walnusskerne, grob gehackt
Mehl zum Formen

Zubereitung

1 Das Mehl zusammen mit den Haferflocken, der Haferkleie und dem Salz in einer Schüssel mischen. In die Mitte eine Mulde drücken und die Hefe hineinbröckeln.

2 350 ml lauwarmes Wasser hinzufügen, den Honig daraufträufeln und alles mit einer Gabel zu einem Vorteig verrühren. Etwa 15 Minuten gehen lassen.

3 Die gehackten Walnusskerne auf dem Rand verteilen und den Vorteig mit der restlichen Mehlmenge und den Nüssen vermengen. Alles zu einem glatten Teig verkneten und nochmals 10 Minuten gehen lassen. Den Backofen auf 200 °C vorheizen und ein Backblech mit Backpapier auslegen.

4 Den Teig mit bemehlten Händen zu einem Brotlaib formen und auf das Blech setzen. Auf mittlerer Einschubleiste etwa 30–35 Minuten backen.

Kartoffelpizza

Zubereitungszeit: ca. 30 Minuten
Gehzeit: ca. 65 Minuten
Backzeit: ca. 10 Minuten

Eine Portion enthält:

511 kcal (2153 kJ)
17 g Eiweiß
15 g Fett
77 g Kohlenhydrate
9 g Ballaststoffe

Zutaten für 4 Portionen

Für den Teig

190 g Weizen- oder Dinkelmehl
80 g kernige Haferflocken
½ TL Salz
10 g frische Hefe
125 ml lauwarmes Wasser
einige Tropfen Sonnenblumenöl
Mehl zum Ausrollen

Für den Belag

800 g mittelgroße festkochende Kartoffeln
8 EL Milch, 3,5 % Fett
weißer Pfeffer, Salz
frischer Rosmarin
200 g Crème fraîche
80 g geriebener Hartkäse (Emmentaler, Bergkäse)

Zubereitung

1 Für den Teig das Mehl zusammen mit Haferflocken und Salz in einer Schüssel mischen, in die Mitte eine Mulde drücken und die Hefe hineinbröckeln. Mit etwas Wasser begießen, darin auflösen und nach und nach das restliche Wasser untermischen.

2 Alles zu einem glatten Teig verkneten, zum Kloß formen, mit Öl bestreichen und zugedeckt an einem warmen Ort etwa 45 Minuten gehen lassen.

3 Inzwischen die Kartoffeln waschen, schälen und in hauchdünne Scheiben hobeln. Den Teig durchkneten und in vier Bällchen teilen. Auf einer bemehlten Arbeitsfläche zu dünnen Fladen ausrollen, diese auf ein mit Backpapier belegtes Blech legen und zugedeckt weitere 20 Minuten gehen lassen.

4 Die Teiglinge mit Milch bestreichen. Den Backofen auf 200 °C vorheizen. Die Teiglinge mit Kartoffelscheiben belegen, mit Pfeffer und Salz würzen und mit Rosmarin bestreuen. Die Crème fraîche darauf verteilen und alles mit Käse bestreuen.

5 Auf der mittleren Einschubleiste 10 Minuten backen, bis die Pizzen leicht gebräunt sind.

Zwiebelbrötchen

Zubereitungszeit: ca. 30 Minuten
Gehzeit: ca. 55 Minuten
Backzeit: ca. 30 Minuten

Ein Brötchen (ca. 50 g) enthält:

140 kcal (587 kJ)	14 g Kohlenhydrate
5 g Eiweiß	4 g Ballaststoffe
7 g Fett	

Zutaten für 24 Stück

50 g Räucherspeck
3 milde Zwiebeln
170 g Sonnenblumenkerne
350 g Weizenvollkornmehl (Type 1700)
2 TL gemahlener Kümmel
1 EL gemahlener Koriander
1 Würfel frische Hefe
2 TL Salz
6 EL Rapsöl
150 g Roggenvollkornmehl
Mehl zum Formen
1 Eigelb zum Bestreichen
frische Thymianblättchen zum Bestreuen

TIPP

Vegetarier lassen den Räucherspeck einfach weg. Zwiebelbrötchen sind ein prima Partygebäck und vertragen sich sehr gut mit Frischkäse oder Kräuterquark.

Zubereitung

1 Den Speck fein würfeln und ohne Fettzugabe in einer beschichteten Pfanne anbraten. Die Zwiebeln abziehen, fein würfeln, dazugeben und mitdünsten. Sonnenblumenkerne dazugeben, 1 EL zurückbehalten.

2 Das Weizenmehl zusammen mit den Gewürzen in eine Schüssel geben, in die Mitte eine Mulde drücken. Die Hefe hineinbröckeln, 300 ml warmes Wasser dazugießen und die Hefe darin auflösen. Das Meersalz an den Rand streuen. Den Hefevorteig etwa 15 Minuten gehen lassen.

3 Die Mehl-Gewürz-Mischung unterarbeiten, dann 5 EL Öl und das Roggenmehl unterkneten, bis der Teig sich vom Schüsselrand löst.

4 Speck, Zwiebeln und Sonnenblumenkerne hinzufügen und gut unterkneten. Aus dem Teig mit bemehlten Händen eine Kugel formen und an einem warmen Ort zugedeckt etwa 40 Minuten gehen lassen. Ein Backblech mit Backpapier auslegen und den Backofen auf 200 °C vorheizen.

5 Den Teig nochmals gut durchkneten. Jeweils 1 EL davon abstechen (24 Stück), daraus flache Brötchen formen und auf das Backblech setzen. Eigelb mit 1 TL Wasser und dem restlichen Öl verrühren und die Teiglinge damit bestreichen.

6 Mit den restlichen Sonnenblumenkernen und mit Thymian bestreuen und weitere 5 Minuten gehen lassen. Auf der mittleren Einschubleiste etwa 30 Minuten backen.

Knäckebrotfladen mit Sesam und Oregano

Zubereitungszeit: ca. 20 Minuten
Backzeit: ca. 10–15 Minuten

Ein Fladen enthält:

108 kcal (452 kJ)
3 g Eiweiß
4 g Fett
14 g Kohlenhydrate
4 g Ballaststoffe

Zutaten für 15 Knäckebrotfladen

300 g Weizenmehl (Type 1050)
70 g Weizenkleie
30 g Sesamsaat
1 TL Salz
1 TL Backpulver
3 EL Sonnenblumenöl
getrockneter Oregano und Sesam zum Bestreuen

Zubereitung

1 Alle Zutaten mit 250 ml Wasser zu einem festen Teig verarbeiten, in pflaumengroße Stücke schneiden und diese zu 1–2 mm dünnen, ovalen Fladen ausrollen.

2 Die Fladen mit Wasser bestreichen, mit Oregano und Sesam bestreuen und nochmals darüberrollen, damit die Gewürze haften. Den Backofen auf 200 °C vorheizen und ein Backblech mit Backpapier auslegen.

3 Die Fladen vorsichtig auf das Blech legen und auf der mittleren Einschubleiste 10–15 Minuten goldgelb backen. Auf einem Gitter abkühlen lassen und in einer Blechdose aufbewahren.

Aprikosentarte

Zubereitungszeit: ca. 20 Minuten
Kühlzeit: ca. 60 Minuten
Backzeit: ca. 35 Minuten

1 Stück enthält:

351 kcal (1469 kJ)
5 g Eiweiß
23 g Fett
31 g Kohlenhydrate
2 g Ballaststoffe

Zutaten für 12 Stücke

Für den Teig
125 g Butter
50 g Puderzucker
1 Ei
1 Prise Salz
170 g Vollkornmehl
80 g zarte Haferflocken

Für den Belag
500 g Aprikosen (Dose)
500 g Schmand
1 Ei
50 g Puderzucker
abgeriebene Schale von 1 Bio-Zitrone
2 EL Zitronensaft
1 EL Vanillepuddingpulver
50 g Aprikosenkonfitüre
2 EL Orangensaft

Außerdem
Mehl zum Ausrollen
Butter für die Form
Backpapier und etwa 1 kg Hülsenfrüchte zum Blindbacken

Zubereitung

1 Die Zutaten für den Teig in eine Schüssel geben und gut miteinander verkneten. Eine Stunde kalt stellen.

2 Die Aprikosen abtropfen lassen. Den Schmand mit Ei, Puderzucker, Zitronenschale, -saft und Puddingpulver verrühren.

3 Den Teig auf einer bemehlten Arbeitsfläche ausrollen und in eine gebutterte Tarteform legen. Mehrfach mit einer Gabel einstechen, mit Backpapier belegen und die Hülsenfrüchte darauf verteilen. Im vorgeheizten Backofen bei 200 °C auf mittlerer Einschubleiste etwa 20 Minuten blind vorbacken.

4 Den Kuchenboden herausnehmen, die Hülsenfrüchte mit dem Backpapier entfernen. Die Schmandmasse auf den Kuchenboden streichen. Darauf die Aprikosenhälften verteilen und den Kuchen weitere 15 Minuten backen.

5 Die Aprikosenkonfitüre mit dem Orangensaft verrühren und 2 Minuten kochen. Den Kuchen aus dem Ofen nehmen und noch warm mit der Aprikosenmasse glasieren.

TIPP

Statt Aprikosen können Sie auch Pfirsiche oder Beeren verwenden.

Rhabarberkuchen

Zubereitungszeit: ca. 25 Minuten
Backzeit: ca. 70 Minuten

Ein Kuchenstück enthält:

238 kcal (997 kJ)	25 g Kohlenhydrate
5 g Eiweiß	4 g Ballaststoffe
13 g Fett	

Zutaten für 12 Stücke (1 Springform, 26 cm Durchmesser)

Für den Teig
150 g Weizenvollkornmehl
50 g Speisestärke
1 ½ TL Backpulver
100 g Zucker
3 Eigelbe
100 g Margarine
Mehl zum Ausrollen

Für den Belag
500 g Rhabarber
3 Eiweiß
50 g Zucker
100 g gemahlene Mandeln

Zubereitung

1 Das Mehl mit der Stärke und dem Backpulver in einer Schüssel mischen. Zucker, Eigelbe und Margarine hinzufügen und alles mit den Händen zu einem glatten Teig verkneten. Eine Springform mit Backpapier auslegen.

2 Den Backofen auf 200 °C vorheizen. Den Teig auf bemehlter Unterlage rund ausrollen, auf den Springformboden legen und einen 4 cm hohen Rand andrücken. Die Form kalt stellen.

3 Den Rhabarber waschen, putzen, schälen und in Scheibchen schneiden. Auf dem Teig verteilen. Die Eiweiße zu steifem Schnee schlagen, dann unter ständigem Schlagen den Zucker zusammen mit den Mandeln einrieseln lassen.

4 Die Baisermasse auf dem Rhabarber verteilen und den Kuchen auf der mittleren Einschubleiste etwa 70 Minuten backen.

TIPP

Wenn Sie von dem Kuchen ein ganzes Blech backen möchten, verdoppeln Sie einfach die Zutaten. Der Kuchen schmeckt am besten frisch, denn durch längeres Stehenlassen wird der Baiserbelag feucht und fällt zusammen.

Apfelkuchen

Zubereitungszeit: ca. 40 Minuten
Backzeit: ca. 35 Minuten

Ein Stück enthält:

238 kcal (998 kJ)
4 g Eiweiß
12 g Fett
24 g Kohlenhydrate
4 g Ballaststoffe

Zutaten für 12 Stücke (1 Springform, 26 cm Durchmesser)

1 kg säuerliche Äpfel
2 EL Zitronensaft
1 Pck. Vanillezucker
1 Msp. Zimt
50 g Rosinen
125 g Weizenmehl
125 g Weizenvollkornmehl (Type 1700)
1 Msp. Backpulver
1 Prise Salz
50 g Zucker
125 g Butter
1 Ei
1 EL saure Sahne
100 g gemahlene Haselnüsse oder Mandeln

Zubereitung

1 Die Äpfel waschen, nicht (!) schälen, vierteln und das Kerngehäuse entfernen. Die Äpfel blättrig schneiden. Mit Zitronensaft, Vanillezucker, Zimt und heiß überbrühten Rosinen mischen.

2 Für den Teig Mehle, Backpulver, Salz, Zucker, Butter, Ei, saure Sahne und Haselnüsse oder Mandeln in eine Schüssel geben und zu einem glatten Teig verkneten. Den Backofen auf 200 °C vorheizen und eine Springform mit Backpapier auslegen.

3 Den Teig rund ausrollen, in die Springform legen und einen kleinen Rand formen. Die Apfelmischung darauf verteilen und mit Alufolie abdecken. Den Kuchen auf der mittleren Einschubleiste etwa 35 Minuten backen. Die Folie entfernen und den Kuchen erkalten lassen.

SÜSSES UND DESSERTS

Heidelbeer-Knusperjoghurt

Zubereitungszeit: ca. 10 Minuten

Eine Portion enthält:

222 kcal (929 kJ)
7 g Eiweiß
9 g Fett
26 g Kohlenhydrate
5 g Ballaststoffe

Zutaten für 2 Portionen

150 g Heidelbeeren
1 EL Honig
250 g Naturjoghurt, 3,5 % Fett
1 EL gemahlene Haselnüsse
1 TL geschrotete Leinsamen
20 g Cornflakes

Zubereitung

1 Die Heidelbeeren waschen, verlesen und mit einer Gabel grob zerdrücken. Zusammen mit dem Honig unter den Joghurt mischen und das Ganze auf zwei Schälchen verteilen.

2 Nüsse, Leinsamen und Cornflakes mischen und darüberstreuen.

Obstsalat mit Knusperflocken

Zubereitungszeit: ca. 15 Minuten

Eine Portion enthält:

126 kcal (527 kJ)
2 g Eiweiß
1 g Fett
27 g Kohlenhydrate
3 g Ballaststoffe

Zutaten für 4 Portionen

3 EL kernige Haferflocken
2 EL Zucker
1 kleine Banane
2 Kiwis
100 g Orangenfilets oder Mandarinen (Dose)
100 g frische Beeren der Saison
2 EL Zitronensaft
1 EL flüssiger Honig

Zubereitung

1 Die Haferflocken zusammen mit dem Zucker in ein Pfännchen geben, anrösten und leicht karamellisieren lassen.

2 Die Banane und die Kiwis schälen, klein schneiden und zusammen mit den Orangenfilets oder Mandarinen in einer Schüssel mischen.

3 Die Beeren waschen, putzen und untermischen. Zitronensaft und Honig dazugeben, alles locker mischen und auf Schälchen verteilen. Die Röstflocken darüberstreuen.

Rhabarber-Joghurt-Becher

Zubereitungszeit: ca. 45 Minuten
Kühlzeit: ca. 20 Minuten

Eine Portion enthält:

317 kcal (1327 kJ)
7 g Eiweiß
14 g Fett
41 g Kohlenhydrate
8 g Ballaststoffe

Zutaten für 4 Portionen

500 g roter Rhabarber
70 g Zucker
Saft von ½ Zitrone
½ Stange Zimt
250 g Erdbeeren
350 g Naturjoghurt, 1,5 % Fett
1 Pck. Vanillezucker
100 g Sahne
1 EL Puderzucker
2 Scheiben Pumpernickel
2 EL Korinthen

Zubereitung

1 Den Rhabarber waschen, putzen, die Haut abziehen und die Stangen in gleichmäßige Stücke schneiden. Zusammen mit Zucker, Zitronensaft und Zimtstange nicht zu weich dünsten. Zimtstange entfernen und den Rhabarber abkühlen lassen.

2 Inzwischen die Erdbeeren waschen, putzen und grob zerkleinern. Unter den Rhabarber mischen und 20 Minuten kühl stellen.

3 Die Sahne mit dem Puderzucker sehr steif schlagen und unter den Joghurt ziehen. Den Pumpernickel zerbröckeln und zusammen mit den Korinthen im Blitzhacker zermahlen.

4 In vier hohe Gläser abwechselnd Obst, Joghurtcreme und Brotmischung geben.

TIPP

Statt Erdbeeren können Sie auch andere Beeren wie Himbeeren, Brombeeren, Heidelbeeren oder Obst der Saison verwenden.

Semmelschmarrn

Zubereitungszeit: ca. 30 Minuten
Backzeit: ca. 20–25 Minuten

Eine Portion enthält:

385 kcal (1611 kJ)
13 g Eiweiß
10 g Fett
58 g Kohlenhydrate
8 g Ballaststoffe

Zutaten für 4 Portionen

300 g altbackene Vollkornsemmeln
2 EL geschrotete Leinsamen
250 ml Milch, 3,5 % Fett
3 EL Zucker
1 Pck. Vanillezucker
3 Eier
Rosinen und gehackte Mandeln nach Geschmack
3 kleine Äpfel
Butter für die Form

Zubereitung

1 Die Semmeln in dünne Scheiben schneiden und mit den Leinsamen mischen. Die Milch erhitzen und darübergießen. Das Ganze einweichen lassen, Zucker und Vanillezucker untermischen. Die Eier unterrühren und nach Belieben Rosinen und Mandeln daruntermischen.

2 Die Äpfel waschen, schälen, vierteln, entkernen und in Scheiben schneiden. Eine Form mit Butter ausstreichen und den Backofen auf 175 °C vorheizen.

3 Die Semmelmasse abwechselnd mit den Äpfeln in die Form schichten und alles auf mittlerer Einschubleiste 20–25 Minuten backen.

TIPP

Wenn Sie keine Rosinen mögen oder eine Nussallergie haben, können Sie andere Trockenfrüchte wie Feigen oder Pflaumen verwenden und die Nüsse weglassen. Dazu passt Vanillesoße.

Pfannkuchen mit Apfelmus

Zubereitungszeit: ca. 25 Minuten

Eine Portion enthält:

376 kcal (1574 kJ)
10 g Eiweiß
17 g Fett
42 g Kohlenhydrate
8 g Ballaststoffe

Zutaten für 2 Portionen

200 g säuerliche Äpfel (z. B. Boskop)
1 TL Vanillezucker
1 EL Zucker
2 EL Zitronensaft
1 Ei
75 g Weizenvollkornmehl
1 TL geschrotete Leinsamen
100 ml Milch, 3,5 % Fett
Salz
1 Schuss kohlensäurehaltiges Mineralwasser
2 EL Rapsöl

Zubereitung

1 Die Äpfel waschen, schälen, vierteln, entkernen und würfeln. Mit Vanillezucker, Zucker und Zitronensaft mischen und in einem Töpfchen andünsten.

2 Das Ei mit Mehl, Leinsamen, Milch, Salz und Mineralwasser zu einem glatten Teig verquirlen. Das Öl in einer beschichteten Pfanne erhitzen und nacheinander darin zwei Pfannkuchen ausbacken. Mit dem Apfelmus servieren.

TIPP

Wenn noch Pfannkuchenteig übrig bleibt, können Sie den Rest ausbacken und für eine Suppeneinlage als Pfannkuchenstreifen verwenden.

Schichtjoghurt mit Früchten und Nüssen

Zubereitungszeit: ca. 10 Minuten

Eine Portion enthält:

238 kcal (996 kJ)
6 g Eiweiß
11 g Fett
29 g Kohlenhydrate
3 g Ballaststoffe

Zutaten für 2 Portionen

20 g Walnusskerne oder Haselnüsse
1 TL geschrotete Leinsamen
2 TL Zucker
200 g Kirschen oder anderes Obst der Saison
200 g Naturjoghurt, 3,5 % Fett
Minzblättchen zum Garnieren

Zubereitung

1 Die Nüsse grob hacken und zusammen mit den Leinsamen und dem Zucker in einem Pfännchen anrösten.

2 Das Obst waschen, putzen, je nach Sorte schälen, entsteinen und klein schneiden.

3 Den Joghurt glatt rühren und abwechselnd mit dem Obst und der Nussmischung in zwei Gläser schichten. Mit Minze garnieren.

Buchweizenpfannkuchen mit Heidelbeeren

Zubereitungszeit: ca. 30 Minuten

Eine Portion enthält:

602 kcal (2519 kJ)
19 g Eiweiß
27 g Fett
69 g Kohlenhydrate
7 g Ballaststoffe

Zutaten für 4 Portionen

300 g Buchweizenmehl
1 EL geschrotete Leinsamen
3 Eier
500 ml Milch, 3,5 % Fett
1 Prise Salz
3 EL Rapsöl
250 g Heidelbeeren
2 EL Zucker
100 g Sahne

Zubereitung

1 Das Mehl mit den Leinsamen mischen. Die Eier mit Milch und Salz verquirlen, unter die Mehlmischung rühren und kurz quellen lassen.

2 Das Öl in einer beschichteten Pfanne erhitzen und aus dem Teig vier Pfannkuchen ausbacken. Warm stellen.

3 Die Heidelbeeren mit Zucker mischen und zerdrücken. Die Sahne steif schlagen und daruntermischen.

4 Die Heidelbeersahne auf die Pfannkuchen verteilen, die Pfannkuchen aufrollen und servieren.

Vanilleeis mit Knusperflocken

Zubereitungszeit: ca. 5 Minuten

Eine Portion enthält:

185 kcal (773 kJ)
4 g Eiweiß
11 g Fett
17 g Kohlenhydrate
2 g Ballaststoffe

Zutaten für 4 Portionen

2 EL zarte Haferflocken
20 g gemahlene Mandeln
1 EL Chiasamen
1 TL Butter
25 g Puderzucker
200 g Vanilleeis

Zubereitung

1 Die Haferflocken mit den Mandeln und Chiasamen mischen und in einer beschichteten Pfanne in der Butter kurz andünsten. Puderzucker unterrühren und sehr kurz karamellisieren. Rasch vom Herd nehmen und abkühlen lassen, die Mischung muss knusprig sein.

2 Das Eis mit einem Portionierer oder einem Esslöffel abstechen und auf vier Schälchen verteilen. Die Knuspermischung darüberstreuen.

Nuss-Rosinen-Joghurt

Zubereitungszeit: ca. 5 Minuten

Eine Portion enthält:

200 kcal (837 kJ)
5 g Eiweiß
13 g Fett
16 g Kohlenhydrate
2 g Ballaststoffe

Zutaten für 2 Portionen

20 g Rosinen
20 g Haselnusskerne
1 TL geschrotete Leinsamen
200 g Naturjoghurt, 3,5 % Fett
1 TL flüssiger Honig

Zubereitung

1 Die Rosinen heiß überbrühen, abgießen und fein hacken. Die Nüsse ebenfalls fein hacken.

2 Beides zusammen mit den Leinsamen unter den Joghurt mischen, mit Honig süßen und auf zwei Schälchen verteilen.

Scheiterhaufen mit Zwetschgen

Zubereitungszeit: ca. 20 Minuten
Backzeit: ca. 40–45 Minuten

Eine Portion enthält:

501 kcal (2059 kJ)	73 g Kohlenhydrate
14 g Eiweiß	7 g Ballaststoffe
16 g Fett	

Zutaten für 4 Portionen

400 g altbackene Vollkornsemmeln
750 ml Milch, 3,5 % Fett
1 Prise Salz
Schale von 1 Bio-Zitrone
70 g Zucker
2 Eier
1 kg Zwetschgen
Butter für die Form

Zubereitung

1 Die Semmeln in Scheiben schneiden. Die Milch mit Salz, Zitronenschale, Zucker und Eiern verquirlen und über die Semmeln gießen, durchziehen lassen. Den Backofen auf 180 °C vorheizen.

2 Die Zwetschgen waschen, halbieren, entsteinen und zu Vierteln einschneiden. Eine Auflaufform mit etwas Butter ausstreichen, abwechselnd eine Schicht Semmelmasse und Zwetschgen einfüllen. Die oberste Schicht ist Semmelmasse.

3 Die restliche Eiermilch darüber verteilen und alles auf mittlerer Einschubleiste 40 Minuten backen.

Fruchtiges Schichtdessert

Zubereitungszeit: ca. 10 Minuten

Eine Portion enthält:

192 kcal (804 kJ)	25 g Kohlenhydrate
11 g Eiweiß	4 g Ballaststoffe
5 g Fett	

Zutaten für 2 Portionen

2 trockene Scheiben Pumpernickel
1 Pck. Vanillezucker
200 g Naturjoghurt, 3,5 % Fett
1 TL Honig
1 TL geschrotete Leinsamen
150 g rote Beeren oder Kirschen

Zubereitung

1 Die Pumpernickel fein zerkrümeln, mit Vanillezucker mischen und in zwei hohe Gläser füllen.

2 Den Joghurt mit Honig und Leinsamen verrühren und darauf verteilen.

3 Die Beeren waschen, putzen, Kirschen entsteinen und auf die Joghurtschicht verteilen.

Rezeptregister

FRÜHSTÜCK

SNACKS UND DRINKS

SUPPEN

SALATE

HAUPTGERICHTE

Bibliografische Information der Deutschen Nationalbibliothek
Die Deutsche Nationalbibliothek verzeichnet diese Publikation in der deutschen Nationalbibliografie; detaillierte bibliografische Daten sind im Internet über http://dnb.ddb.de/ abrufbar.

ISBN 978-3-8426-3103-8 (Print)
ISBN 978-3-8426-3104-5 (PDF)
ISBN 978-3-8426-3105-2 (EPUB)

Abbildungen:
Titelmotiv: stock.adobe.com: bondarillia
stock.adobe.com: Quade: 1; Asya: 2/3, 35; FomaA: 4/5, 65, 105, 121; marilyn barbone: 6/7; bilderzwerg: 9; 9dreamstudio: 22/23; harmony: 43; Andreas Fischer: 45; irina: 47; zefirchik06: 51; Sławomir Fajer: 53; Anna Grabowska-Krupa: 57; petrrgoskov: 59; HLPhoto: 67, 129, 135; chandlervid85: 69; rainbow33: 71; Heike Rau: 75; Gabriele: 81; Christin Klose: 83; Stepanek Photography: 85; Doris Heinrichs: 89; A_Lein: 93; minadezhda: 95; Daria Mladenovic: 99; zi3000: 109; Оксана Бань: 111; Juefrateam: 119; Natalia Mylova: 133; Angel Simon: 137; O.B.: 141; fkruger: 145; zoryanchik: 147, 155, 168; Redzen: 151; guillaume-marinette: 153; cook_inspire: 157; alex: 161; Bart: 165
Kölln: 37, 41

Originalausgabe

Die Ratgebermarke der Schlütersche Fachmedien GmbH
Hans-Böckler-Allee 7, 30173 Hannover
www.humboldt.de
www.schluetersche.de

Aus Gründen der besseren Lesbarkeit wurde in diesem Buch die männliche Form gewählt, nichtsdestoweniger beziehen sich Personenbezeichnungen gleichermaßen auf Angehörige des männlichen und weiblichen Geschlechts sowie auf Menschen, die sich keinem Geschlecht zugehörig fühlen.
Autorin und Verlag haben dieses Buch sorgfältig erstellt und geprüft. Für eventuelle Fehler kann dennoch keine Gewähr übernommen werden. Weder Autorin noch Verlag können für eventuelle Nachteile oder Schäden, die aus in diesem Buch vorgestellten Erfahrungen, Meinungen, Studien, Therapien, Medikamenten, Methoden und praktischen Hinweisen resultieren, eine Haftung übernehmen. Insgesamt bieten alle vorgestellten Inhalte und Anregungen keinen Ersatz für eine medizinische Beratung, Betreuung und Behandlung.
Etwaige geschützte Warennamen (Warenzeichen) werden nicht besonders kenntlich gemacht. Daraus kann nicht geschlossen werden, dass es sich um freie Warennamen handelt.

Lektorat: Linda Strehl, wort & tat, München
Layout: Groothuis, Lohfert, Consorten, Hamburg
Covergestaltung: Die Feder, Konzeption vor dem Druck GmbH, Wetzlar
Satz: Die Feder, Konzeption vor dem Druck GmbH, Wetzlar
Druck und Bindung: Gutenberg Beuys Feindruckerei GmbH, Langenhagen